Wolfgang Gerent

Wie das Glücklichsein gedeiht

Ein kleiner philosophischer Leitfaden

D1642087

Bibliografische Information Der Deutschen Bibliothek:
Die Deutsche Bibliothek verzeichnet diese Publikation
in der Deutschen Nationalbibliografie;
detaillierte bibliografische Daten sind im Internet über
<http://dnb.ddb.de> abrufbar.

Impressum:

Copyright © 2007 Wolfgang Gerent
Herstellung und Verlag: Books on Demand GmbH,
Norderstedt
ISBN: 978-3-8370-0435-9
Umschlaggestaltung: Wolfgang Gerent; unter Verwendung
des Bildes „Kühe: gelb-rot-grün" (1912) von Franz Marc,
entnommen der „Virtuellen Gemäldegalerie" mit freundlicher
Genehmigung der Directmedia Publishing GmbH, Berlin 2000

Inhaltsverzeichnis:

Teil I

Teil II

Teil III

Teil I

Das Leben meistert man lächelnd oder überhaupt nicht.

(aus China)

WIE DAS GLÜCKLICHSEIN IN DIE WELT KAM

Ein rätselhaftes Ding

Das Glücklichsein ist ein geheimnisvolles Phänomen. Es scheint keinen Regeln zu folgen. Es kommt und geht offenbar, wie es will. Es lässt sich kaum planen und keinesfalls erzwingen. Nur weil mich zum Beispiel gestern ein Spaziergang glücklich gemacht hat, heißt das noch lange nicht, dass er das morgen auch tun wird. Selbst dann nicht, wenn alle äußeren Bedingungen praktisch gleich sind. Spazierengehen macht mich nicht *zuverlässig* glücklich, manchmal ja, aber nicht immer. Und manche Menschen macht Spazierengehen vielleicht nie glücklich, jedenfalls reizt es sie nicht im Geringsten. Sie sind vielleicht manchmal glücklich, wenn sie mit hoher Geschwindigkeit auf der Autobahn unterwegs sind. Das wieder reizt mich nicht; ich vermeide es, wenn ich kann.

Menschen werden offensichtlich aus sehr unterschiedlichen Anlässen glücklich, und keiner dieser Anlässe funktioniert *unweigerlich*, also für alle oder immer. Manchmal sogar scheint überhaupt kein Anlass nötig zu sein, manchmal ist man glücklich, ohne dass irgendetwas Ungewöhnliches passiert ist. Das Glück, wie gesagt, scheint sich nicht an irgendwelche Regeln zu halten. Nun, wenn das wirklich so wäre, dann gäbe es keine Möglichkeit, irgendetwas Allgemeingültiges darüber zu sagen. Und dann wären auch keine Empfehlungen oder Anleitungen fürs Glücklichsein brauchbar, ganz zu schweigen von dem Versuch, sein *Wesen* erforschen zu wollen.

Wenn das Glücklichsein durch und durch rätselhaft bleiben müsste, dann bräuchte man keine Bücher darüber zu schreiben oder zu lesen. Es gibt aber ungezählte Versuche in dieser Richtung – und zu Recht. Glückszustände sind am Ende gar nicht so regellos und unbeeinflussbar, wie es zunächst scheint. Die Anlässe für glückliche Momente mögen zwar sehr verschieden sein, aber der *tiefere Grund* dafür, dass ein Glücksempfinden ausgelöst wird, ist immer der gleiche. Glücklichsein entsteht im Grunde unter bestimmten Bedingungen und folgt einer bestimmten Logik, und diesen allgemeinen Zusammenhängen kann man durchaus nachforschen und kann Erkenntnisse dabei gewinnen, die in einen praktischen Leitfaden münden. Nur darf man sich das nicht zu simpel vorstellen: mit den üblichen Tipps wie *Achten Sie auf die kleinen Dinge des Lebens* ist es leider nicht getan, wie wir sehen werden.

Rezepte und Leitlinien

Ein verlässlicher Leitfaden fürs Glücklichsein ist immer *philosophischer* Natur. Das heißt: er bemüht sich um möglichst *grundsätzliche* Einsichten in das Wesen des Glücks, und er lässt sich nicht dazu verleiten, *Rezepte* angeben zu wollen. Glücks-Rezepte kann es in der Tat nicht geben. Der Grund dafür ist dieser: Alles das, was sich vollständig analysieren und kontrollieren lässt und wofür es Rezepte geben kann, ist uns *rational* zugänglich. Das heißt, wir können es systematisieren und mit Hilfe von Begriffen in logische Zusammenhänge bringen. Oder mit einem Wort gesagt: wir können es *erklären.* Glücklichsein hingegen entspringt einem *intuitiven* Verständnis, und echte Intuitionen lassen sich im Grunde gerade nicht erklären, auch nicht im Nachhinein. Das funktioniert nur bei scheinbaren Intuitionen wie beispielsweise dem *Geistesblitz* eines Detektivs. Geistesblitze wirken intuitiv, weil sie plötzlich und ohne bewusstes Nachdenken geschehen, aber in Wahrheit zieht der Detektiv oft aufgrund seiner zahlreichen Erfahrungen automatisch und unbewusst die richtigen Schlüsse. Genauso macht es ja der geübte Autofahrer: er lässt sich erst das Ganze erklären und übt dann systematisch, bis er die Abläufe soweit automatisiert hat, dass kaum noch bewusste Aufmerksamkeit erforderlich ist.

Echte Intuitionen dagegen sind keine Ergebnisse von automatisch und unbewusst ablaufendem rationalem Nachdenken. Intuitionen stellen eine völlig andere Form des Verstehens dar. Wenn jemand beispielsweise schlecht darin ist, sich in andere Menschen hinein zu fühlen, dann helfen ihm keine Erklärungen, egal wie klug er sonst ist. Das ist nur ein Beispiel von vielen, die noch folgen, aber fürs erste mag es genügen. Ohne rationale Grundlage jedenfalls sind Rezepte nicht möglich.

Daraus, dass es keine Rezepte geben kann, folgt aber nicht, dass das intuitive Verstehen – und also auch das Glücklichsein - sich gar nicht gezielt befördern lässt. Außer Rezepten gibt es nämlich auch noch *Leitlinien,* die uns dabei helfen können, konstruktiv Schritte in eine bestimmte Richtung zu unternehmen. Um diesen Unterschied an zwei Beispielen kurz zu erläutern.

Ein *Glücks-Rezept* könnte etwa so aussehen:

Wir bestehen aus Körper, Geist und Seele und müssen uns deshalb regelmäßig bewegen, weiterbilden und erbauen, um glücklich werden zu können. Machen Sie deshalb jeden Tag erstens wahlweise einen halbstündigen Spaziergang oder 100 Kniebeugen, lesen Sie zweitens 20 Seiten eines guten Buches oder lösen eine Knobel-Aufgabe, und versorgen Sie drittens ein Tier oder hören Sie Orgelmusik. Dann werden Sie eine harmonische Entwicklung erreichen, ausgeglichen leben und glücklich sein.

Eine *Leitlinie* dagegen liest sich etwa so:

Was immer Sie tun, tun Sie es konzentriert, aber auch mit einer gewissen Leichtigkeit. Geben Sie sich Mühe, aber in spielerischer Art und Weise. Seien Sie ernsthaft, aber nicht ernst. Strengen Sie sich an und entspannen Sie sich zugleich. Versuchen Sie, auf diese Weise ein Gefühl der *Durchlässigkeit* zu erreichen – so, als würden Sie in den Dingen aufgehen oder die Dinge in Ihnen. Im Idealfall werden Sie sich dann als ein Teil von etwas Wunderbarem empfinden und dadurch glücklich sein.

Die Definition des Glücklichseins

Rezepte geben also ganz genau vor, welche Zutaten ich in welcher Menge und welcher Reihenfolge verwenden muss, um unfehlbar zum Ziel zu gelangen. Leitlinien dagegen geben eine Starthilfe und sagen mir, worauf ich achten muss und was ich ständig überprüfen muss, während ich besonnen versuche, etwas *gedeihen* zu lassen statt es erzwingen zu wollen. Das Beispiel nun, das ich gerade gegeben habe, ist nicht bloß irgendein Beispiel. Es enthält bereits einiges von dem, was ich für einen erfolgreichen Weg zu *echtem* oder *tiefem Glück* halte. Die Definition dafür lautet also:

GLÜCKLICHSEIN IST DIE EMPFINDUNG, EIN TEIL VON ETWAS WUNDERBAREM ZU SEIN.

Wann immer und warum auch immer ein Mensch also momentan glücklich ist – im Grunde handelt es sich immer um die gleiche, die gerade genannte Empfindung, an etwas Wunderbarem teilzuhaben. Das ist die Erkenntnis, zu der mich langjährige Untersuchungen geführt haben. Ich gebe unumwunden zu, dass diese Definition sowohl ungewöhnlich als auch anspruchsvoll ist. Sie wirft eine

Menge Fragen auf und verlangt nach ausführlichen Begründungen.

Die erste Frage lautet natürlich: Was genau ist mit dem *Wunderbaren* gemeint? Und die Antwort lautet: als wunderbar empfinden wir meiner Auffassung nach etwas dann, wenn es für uns schön und erlösend zugleich ist. (Wenn wir es also als schön und erlösend zugleich *empfinden!* Es ist vielleicht nicht unwichtig, hin und wieder zu betonen, dass es hier immer um Empfindungen geht und dass ich keine These über das Wesen der Welt oder ähnliches aufstellen will. Das *Wunderbare* existiert nicht in dem Sinne, in dem der Tisch existiert, an dem ich gerade sitze. Aber es ist eine Empfindung, und Empfindungen sind auch höchst real, sie können Leben retten oder zerstören.)

Diese Auskunft zum Wesen des Wunderbaren ist zwar präzise, aber zunächst eher verwirrend als hilfreich. Denn was ist nun damit wieder gemeint? Was genau soll es heißen, dass ich etwas als schön und erlösend zugleich empfinde? Was meint „schön", und was bedeutet „erlösend"? Die kürzeste und verständlichste Art, das zu erläutern, besteht darin, eine kleine Geschichte zur Entwicklung unseres Geistes zu erzählen.

Die Entstehungsgeschichte des Glücklichseins

Im Laufe der Entwicklung des Lebens haben sich zunehmend komplexere Nervensysteme und Gehirne herausgebildet. Der Mensch als spätes Produkt der Evolution hat dadurch eine hohe sprachliche und logische Intelligenz erworben. Menschen haben die Fähigkeit, sich die Welt begrifflich anzueignen. Begriffe beschreiben die Welt nicht nur, sie strukturieren und *erklären* sie auch. Anders als bloße Namen systematisieren sie alle Dinge, Zustände und Ereignisse und bieten dadurch die

Möglichkeit, vielfältige Zusammenhänge herzustellen. Das wie gesagt ist es, was wir unter dem Vermögen der *Rationalität* verstehen: systematisch sprachliche und logische Intelligenz anwenden, um etwas mit Hilfe von Erklärungen zu verstehen.

Daraus ergibt sich, dass wir die Fähigkeit, etwas rational zu verstehen, erst *erwerben* müssen, indem wir *zuvor* eine Sprache und Logik erlernen. Um aber überhaupt etwas lernen zu können, müssen wir schon in der Lage sein, etwas zu verstehen. Diese Form des Verstehens ist nicht rational und begrifflich, sondern intuitiv, und sie ist *grundlegend*. Sie erlaubt es einem Baby beispielsweise, Gebärden und Grimassen nachzuahmen, obwohl es noch nicht darüber nachdenken kann, wie das wohl geht. So dominant das rationale Denken dann später auch werden mag, es basiert auf intuitivem Verstehen und setzt deshalb erst anschließend ein. Und es kann und darf das intuitive Verstehen auch nachher nie ersetzen. Wenn wir versuchen, dasjenige rational zu meistern, was nur intuitiv zugänglich ist, dann werden wir nicht nur scheitern, sondern auch ein wichtiges Mittel für eine gelungene und befriedigende Lebensführung verlieren. In diesem Sinne sagte Jerzey Lec einmal:

„Vieles hätte ich verstanden, wenn man es mir nicht erklärt hätte."

Und auch davon abgesehen stößt das rationale Verstehen bald an seine Grenzen. Mit wachsendem Wissen stellt sich nämlich schnell die Erkenntnis ein, dass die Begriffe und Erklärungen den Dingen und Zusammenhängen offensichtlich nicht immer gerecht werden. Unsere Theorien erweisen sich früher oder später als fehlerhaft, also müssen sie verbessert oder sogar verabschiedet werden. Aber gleichzeitig bildet sich auch ein leiser

Verdacht, eine Skepsis: da auch unsere letzte Erklärung sich nach einiger Zeit als falsch erwiesen hat, wie können wir dann sicher sein, dass die neue Theorie stimmt? Wird nicht auch sie bald überholt sein? Können die Erklärungen überhaupt zu einem Ende kommen? Und der Verdacht erhält weitere Nahrung: denn je länger und umfassender wir in alle Richtungen forschen, desto mehr *verschiedene* Erklärungen scheinen plötzlich möglich. Wie aber finden wir nun die Wahrheit? Können wir sie überhaupt finden?

Die Kunst des Erklärens bringt also nach einiger Zeit unweigerlich die Erkenntnis mit sich, dass es eine Unmenge an Rätseln gibt und dass wir vielleicht einige davon niemals werden lösen können. Und möglicherweise vielleicht gerade die, welche die ganz tiefen, grundsätzlichen Zusammenhänge des Daseins betreffen. An diesem Punkt nun entstehen die Idee und Empfindung einer überwirklichen, größeren, umfassenden Macht oder Kraft – zunächst dunkel und undifferenziert zwar, aber sich tief in die menschliche Seele senkend.

Natürlich war es nur eine Frage der Zeit, bis die Menschen auch diese Idee kritisch unter die Lupe nahmen und argwöhnten, die Annahme von überwirklichen Kräfte sei nichts weiter als eine bloße Einbildung. Dieser Verdacht hat seine Spuren hinterlassen, aber vernichten konnte er die Empfindung des Überwirklichen keineswegs. Denn endgültige Erklärungen besitzen wir nach wie vor nicht, und so sind die Idee und Empfindung einer höheren Sphäre zu ständigen Begleiterinnen der Menschheit geworden.

Wann immer nun etwas uns daran erinnert, dass es da mehr geben könnte als die profane Wirklichkeit, die sich im Prinzip erklären lässt, stellt sich in uns die Empfindung der *Schönheit* ein. Die Anlässe dafür sind zahllos, es kann sich dabei um Kunstwerke, Menschen, Tiere, Landschaften, kurz Gegenstände aller Art handeln, sie müssen nur irgendwie inspirierend sein. Wenn etwas zum Beispiel besonders zart oder kraftvoll, sehr harmonisch oder symmetrisch ist, wenn es große Leuchtkraft, Lebendigkeit oder Reinheit besitzt, und was es dergleichen noch gibt, können wir in dieser besonderen Weise erregt werden. Solche Eigenschaften nun sind einerseits objektiv vorhanden, denn wir können einander darauf hinweisen und sie sogar definieren. Auf der anderen Seite wirken sie aber nur dann schön, wenn ein dafür empfängliches Subjekt hinzukommt. Nur dort, wo jemand den Eindruck hat, dass eine Eigenschaft über sich selbst und die Wirklichkeit hinauszuweisen scheint, nur dort wird Schönheit vermittelt.

Der ungemein filigrane, schwebende Bau eines Schmetterlings und seine faszinierenden farbigen Muster z.B.; oder die unbegreifliche Tatsache, dass ein neugeborenes Lebewesen *lebt;* – solche Dinge scheinen *beinahe nicht von dieser Welt;* sie sind, wie die Redewendung recht treffend sagt, *zu schön, um wahr zu sein.* In einem Satz also:

ALS SCHÖN EMPFINDEN WIR ETWAS DANN, WENN ES IN UNS DIE AHNUNG VON ETWAS ÜBERWIRKLICHEM ERREGT.

Die höhere Sphäre des Überwirklichen nun scheint ein Versprechen zu enthalten: sie scheint ein Hinweis darauf zu sein, dass der Wirklichkeit eine tiefere Ordnung zugrunde liegt, die für einen *Sinn des Ganzen* sorgt. Auf diese Aussicht einmal gestoßen, wird der Mensch geradezu süchtig nach Sinn. Er will jetzt alles verstehen und alles sinnvoll finden, vor allem das Leben selbst. Leider ist das aber ein schwieriges Unterfangen. Deshalb wurden jede Menge Vorschläge für den Sinn des Lebens entwickelt und jede Menge Kritik an jedem von ihnen. Die Sinnfrage erweist sich als äußerst sperrig, und das führt leicht zu einer milden

Form von Verzweiflung, zu einem zaghaften, aber tief sitzenden Gefühl ängstlicher Unruhe.

Manchmal ist dieses Unbehagen aber auch wie weggewischt, und das gesamte Leben erscheint großartig – dann nämlich, wenn ein Mensch etwas *Wunderbares* erlebt. Das Wunderbare ist mehr als schön, es ist gewissermaßen die raumgreifende Steigerung des (bloß) Schönen. Etwas Schönem zu begegnen kann ja auch alles andere als wunderbar sein. Schönheit ist grundsätzlich aufregend, aber häufig verunsichert sie uns auch, wühlt uns auf oder quält uns sogar. Das passiert immer dann, wenn das Überwirkliche ganz nah erscheint und doch ungreifbar fern - und wenn sich dann mit Macht die Frage nach dem Sinn des Ganzen stellt.

Manchmal wie gesagt geht das Empfinden des Schönen aber weit darüber hinaus; manchmal werden wir *erlöst* von unserer Sehnsucht und von diesem nagenden Verdacht, dass uns etwas Wichtiges fehlt. Manchmal ist etwas dermaßen schön, dass unser gesamtes Empfinden und Wahrnehmen davon ergriffen und quasi eingefärbt werden. Das Schöne steht dann nicht für sich allein, sondern es verschönert die ganze Welt. Die Dinge scheinen ungeahnte Verbindungen einzugehen, Zusammenhänge offenbaren sich, geheimnisvoll zwar, aber gleichzeitig *wie ein klarer Beweis* einer tieferen Ordnung und sinnvollen Fügung. Das ist die

EMPFINDUNG DES WUNDERBAREN: DAS SCHÖNE, DAS MICH VON DER SINNFRAGE ERLÖST.

Und das ist das Beste, was mir im Zusammenhang mit der Sinnfrage passieren kann. Ich werde später bei der Kritik des *Flow*-Konzepts näher darauf eingehen, darum an dieser Stelle nur soviel: den Sinn, den ich im Leben sehe, kann ich nicht rational, sondern nur intuitiv erfassen. Der SINN nämlich bezieht sich immer auf das jeweils *Ganze*, d.h. einen Sinn angeben bedeutet die schlussendliche Antwort auf die Frage aller Fragen. Zur Offenbarung eines Sinns gibt es nichts weiter zu sagen. Für eine wissenschaftliche Erklärung hingegen ist es typisch, dass man im Prinzip immer weiterfragen kann. Darum läuft es hinsichtlich der Sinnfrage im Grunde auf dasselbe hinaus, ob ich einen Sinn im Leben sehe oder ob sich die Frage gar nicht mehr stellt. Wittgenstein fasste das einmal in die Worte:

„Die Lösung vom Problem des Lebens merkt man am Verschwinden dieses Problems."

Nun bleibt nur noch ein Schritt übrig. Etwas Wunderbares zu erleben ist noch nicht gleichbedeutend mit der Empfindung tiefen Glücks. Denn es kann noch die Sehnsucht bleiben – oder gar erst geweckt werden –, *dazu zu gehören*. Solange ich dem Wunderbaren mehr oder weniger gegenüberstehe, d.h. es zwar erlebe, aber bloß wie ein Zuschauer, solange werde ich das Gefühl nicht los, dass mir etwas Wichtiges fehlt. Die Begegnung mit einem wunderbaren Menschen z.B., der von mir nichts wissen will, wirkt zwar einerseits erhebend, aber andererseits stimmt sie mich melancholisch. Erst wenn ich etwas Wunderbares erlebe und dabei empfinde, ein Teil davon zu sein, erst dann bin ich wahrhaft glücklich. Ein gutes Beispiel dafür sind jene beiden KUH-BILDER von Franz Marc, wo eine heiter lächelnde gelbe Kuh wuchtig und zugleich beschwingt in einer überirdischen Landschaft herumtollt, mit der sie auf das innigste verbunden zu sein scheint. Mit dieser Darstellung hat Marc, wie ich finde, bildnerisch erfasst, was ich hier zu sagen versuche.

Das Glücklichsein lernen

So also stelle ich mir die Evolution des Glücklichseins vor. Glücklichsein ist ein Zustand, dem einiges vorausgehen muss, aber die gute Nachricht dabei lautet: es kann praktisch nicht ausbleiben, dass jeder von uns hin und wieder glücklich ist. Der Mensch ist von Natur aus so beschaffen. Niemals glücklich zu sein erfordert schon außergewöhnlich schlechte Bedingungen. Zwar müssen wir das Eintreten glücklicher Stunden zunächst abwarten. Aber nur zunächst. Denn wir können aus unseren Glückserfahrungen lernen, wenn wir darauf achten, wodurch sie begünstigt werden, und wir können auf diese Weise eine Menge dazu beitragen, die Zahl und Dauer unserer glücklichen Stunden zu erhöhen. Im Idealfall gelangen wir dabei zu einer so nachhaltigen Veränderung unserer alltäglichen Gestimmtheit, dass der alte Menschheitstraum von ungetrübter Glückseligkeit erreichbar scheint.

Von solchen Möglichkeiten und Methoden, auf das eigene Glück Einfluss zu nehmen, handelt dieser kleine Leitfaden. Ich habe bereitwillig zugegeben, dass meine Definition des Glücklichseins anspruchsvoll ist, und habe zum besseren Verständnis dann eine kleine Entstehungsgeschichte erzählt. Dadurch ist die Definition natürlich noch nicht gerechtfertigt und noch lange nicht so verständlich, wie sie es sein sollte. Die weiteren zwei Kapitel des ersten Teils werden hoffentlich alle nötigen Auskünfte liefern und alle Fragen beantworten, die in diesem Zusammenhang auftauchen können.

Der zweite Teil des Leitfadens behandelt daran anschließend einige bemerkenswerte Texte über die Machbarkeit des Glücks, in denen sich wichtige Gedanken und Anregungen finden. Alle diese Vorschläge greifen aber trotzdem zu kurz, wie ich glaube. Sie alle machen richtige

Schritte in die richtige Richtung, aber sie erreichen letztlich nicht das Ziel, wenn das Ziel echtes Glücklichsein heißt. Sie kommen bestenfalls bei einer Zufriedenheit auf hohem Niveau an und sind häufig noch zu nah an der Formulierung von Rezepten. Der eigentliche Zweck dieses Teils besteht nicht darin, andere Autoren zu kritisieren, sondern durch die Auseinandersetzung mit ihnen die eigenen Ansichten nochmals zu verdeutlichen. Der zweite Teil will auf anderem Wege als der erste Teil meinen Begriff des echten Glücklichseins nachhaltig profilieren und rechtfertigen.

Was dabei auf keinen Fall angestrebt werden kann und soll, ist *Vollständigkeit*. Es werden zwar eine Vielzahl von Methoden und Mitteln angesprochen, aber bei weitem nicht alle. Auf die Liebe z.B. gehe ich nur im nächsten Kapitel kurz ein, Freundschaft und Geselligkeit werden ein paar Mal sogar nur erwähnt; die Freuden eines eigenen Gartens oder ausgedehnter Reisen und vieles andere wird gar nicht angesprochen. Die Auswahl dessen, was konkret untersucht wird, richtete sich nach den Texten, die ich besonders lehrreich finde, und dient eben vor allem dazu, die *generellen* Bedingungen, unter denen das Glücklichsein gedeiht, heraus zu stellen. Die Einsichten daraus sind auf tausenderlei Betätigungen und Bereiche anwendbar. (Wenngleich ich wahrscheinlich aber doch glaube, dass einige geeigneter sind als andere.)

Der dritte Teil schließlich will dann also auf der Grundlage all der Beobachtungen, die sich inzwischen angesammelt haben, die Art von konkreter Anleitung formulieren, die beim Glücklichsein überhaupt möglich ist: hier sollen die entscheidenden Stationen auf dem Weg zum Glücklichsein übersichtlich strukturiert und zusammengefasst werden.

Obwohl die Philosophie das Wesen des Glücks und den Weg zum Glück also klären und erläutern kann, hat sie es naturgemäß schwerer, uns *die Erfahrung selbst* in großer

Lebhaftigkeit vor Augen zu führen. Sie kann zwar auch über ihre Erklärungen hinaus Intuitionen erzeugen – sozusagen zwischen den Zeilen –, aber ihre präzisen Begriffe und systematischen Argumente sind dafür nicht eigentlich günstig. Der Dichter hat es da leichter, denn ihn lesen wir ohnehin in der Erwartung, dass er *etwas darstellen* – also intuitiv vermitteln – und nicht nur fassbare Informationen *mitteilen* will. (Außerdem ist er dafür auch viel begabter, wenngleich bei einigen Großen der Philosophie die Grenzen zumindest fließend sind.) Darum soll jetzt stellvertretend noch kurz Hugo von Hofmannsthal zu Wort kommen. In seinem „Brief des Lord Chandos" beschreibt er unvergesslich jemanden, dem unsere allgemeinen Begriffe zunehmend fragwürdig werden und der gerade dadurch für die Erfahrung des Wunderbaren und des Glücks empfänglich wird. Welche von Hofmannsthal so beschreibt:

„Es war viel mehr und viel weniger als Mitleid: ein ungeheures Anteilnehmen, ein Hinüberfließen in jene Geschöpfe oder ein Fühlen, dass ein Fluidum des Lebens und Todes, des Traumes und Wachens für einen Augenblick in sie hinübergeflossen ist – von woher? (...) Diese stummen und manchmal unbelebten Kreaturen heben sich mir mit einer solchen Fülle, einer solchen Gegenwart der Liebe entgegen, dass mein beglücktes Auge auch ringsum auf keinen toten Fleck zu fallen vermag. (…) ich fühle ein entzückendes, schlechthin unendliches Widerspiel in mir und um mich, und es gibt unter den gegeneinander spielenden Materien keine, in die ich nicht hinüberzufließen vermöchte. Es ist mir dann, als bestünde mein Körper aus lauter Chiffren, die mir alles aufschließen. Oder als könnten wir in ein neues, ahnungsvolles Verhältnis zum ganzen Dasein treten, wenn wir anfingen, mit dem Herzen zu denken."

Worin das Glücklichsein besteht

Glück ist mehr als Zufriedenheit

Die meisten bekannten Glücks-Konzepte verlangen meiner Auffassung nach zu wenig. Immanuel Kant zum Beispiel definiert das Glück als die *Befriedigung eines Begehrens*, und unter Glückseligkeit versteht er einen dementsprechenden Dauerzustand: *wenn mir alles immer nach Wunsch und Willen geht.* Eine ähnliche Auffassung, allerdings psychologisch tiefsinniger, vertritt Sigmund Freud, wenn er sagt:

„Glück ist die nachträgliche Erfüllung eines prähistorischen Wunsches. Darum macht Reichtum so wenig glücklich; Geld ist kein Kinderwunsch gewesen."

Solche Definitionen sind mir nicht anspruchsvoll genug. Die Befriedigung eines Wunsches, das ist, denke ich, noch kein Glück, das ist bloße *Zufriedenheit.* Und Glück ist mehr als Zufriedenheit, viel mehr. Zufriedenheit ist angenehm und erstrebenswert, aber im Vergleich zum Glück ist sie bloß *behaglich.* Glück hingegen ist *intensiv.* Viel deutlicher kann ich das vorerst nicht sagen, aber das ist vermutlich auch gar nicht nötig. Die Unterscheidung zwischen Glück und Zufriedenheit ist eigentlich durchaus geläufig. Eine bekannte Erfahrung ist z.b. diese: Ein kleines Ziel erreichen macht zufrieden. Ein großes Ziel erreichen macht hingegen oft nicht nur nicht zufrieden, es macht oft sogar melancholisch. Das erscheint seltsam, lässt sich aber damit erklären, dass eine falsche Erwartung im Spiel war: die Erwartung nämlich, dass ein großes Ziel erreichen nicht nur zufrieden, sondern darüber hinaus *glücklich* macht. Dazu braucht es aber mehr. Ich empfinde mich nicht allein deshalb als Teil von etwas Wunderbarem, nur weil sich endlich ein lange gehegter Wunsch erfüllt hat.

Wunschlos glücklich

Es ist natürlich ratsam, dafür zu sorgen, dass sich im eigenen Leben keine allgemeine, tiefsitzende Unzufriedenheit breit macht. Dadurch würde die Chance auf glückliche Stunden sicher verschlechtert. Aber wenn man alles in allem zufrieden ist, dann folgt erst die Arbeit am eigentlichen Glück: das nämlich darin besteht, *wunschlos glücklich zu sein*, wie die Redewendung so treffend sagt. Oder wie Rousseau es vor etwa 250 Jahren schon vorbildlich formulierte:

„… sich glücklich nennen, und zwar nicht auf eine unvollkommene, armselige, relative Art, wie es bei den Freuden des Lebens geschieht, sondern es wäre ein zureichendes, vollkommenes, überschwängliches Glück, das in der Seele keine Leere auszufüllen lässt."

Auch Epikur betonte dasselbe sogar noch mal 2000 Jahre früher:

„Haben wir es aber einmal dahin gebracht [zum glückseligen Leben], dann glätten sich die Wogen; es legt sich jeder Seelensturm, denn der Mensch braucht sich dann nicht mehr umzusehen nach etwas, was ihm noch mangelt, braucht nicht mehr zu suchen nach etwas anderem, das dem Wohlbefinden seiner Seele und seines Körpers zur Vollendung verhilft."

Genau das schwebt mir also vor: eine anspruchsvolle Definition des Glücks, das den Kreislauf aus Wünschen und ihrer Befriedigung und immer neuen Wünschen hinter sich lässt. Ein Glück also jenseits bloßer Zufriedenheit, das nicht deshalb wunschlos ist, weil alle Wünsche erfüllt sind. Sondern echtes Glück entsteht aus einer ganz anderen *Perspektive*, es sieht die Welt aus anderen Augen an als denjenigen, die immer nur nach Begehrlichkeiten blicken. Die Beobachtung an sich, die Freud in Anspielung auf das alte Sprichwort macht, ist sicher richtig: Geld macht nicht glücklich. Der wahre Grund aber ist: mit Geld lassen sich zwar viele Wünsche erfüllen, aber mit echtem Glück hat das eben wenig zu tun.

Es kann sogar deprimierend sein, sich jederzeit jeden Wunsch erfüllen zu können. Das liegt daran, dass ich dann keine schwierigen *Entscheidungen* treffen und kaum *Bewertungen* vornehmen muss. Entscheiden und Bewerten sind aber wichtig für unsere persönliche Identität und vor allem für die Rolle, in der ein Mensch sich selbst sieht; und sie sind damit auch die Basis dafür, dass jemand sich zu irgendetwas *zugehörig* fühlt. Und das ist geradezu lebensnotwendig für Menschen: Irgendwo dazuzugehören, wo man Rückhalt oder Anerkennung findet und wodurch man sich deshalb *getragen* fühlt. (Denn ganz alleine kann sich keiner tragen, das gilt seelisch wie physisch.)

Der glückliche Mensch hat nicht nur etwas gefunden, dem er sich zugehörig fühlt, sondern er empfindet diese Zusammenhänge außerdem als wunderbar. Und von dort aus, als Teil dieses Wunderbaren, bewertet und wählt er die Dinge, die ihn betreffen. Dabei versteht es sich von selbst, dass er grundsätzlich positiv gestimmt ist. Auch hierzu gibt es eine bekannte Redewendung, nämlich: *die Welt durch eine rosarote Brille sehen.* Als Kommentar ist das zwar meistens sarkastisch gemeint, trifft aber dennoch ungewollt diesen wichtigen Punkt: dass der Glückliche anders wahrnimmt, weil er außerhalb des herkömmlichen Treibens um die Befriedigung immer neuer Wünsche steht. Der Sarkasmus meint es natürlich anders; er wirft dem Glücklichen vor, dass er einfach das Unerfreuliche ausblende. Aber in diesem Sinne ist die Redewendung eigentlich missraten, denn eine rosarote Brille färbt zwar alles ein, macht aber dadurch ja noch nicht stellenweise blind.

Aus der Perspektive der Begehrlichen und Unzufriedenen betrachtet, ist der Glückliche also gewissermaßen gesättigt oder *erfüllt*. Es fehlt ihm nichts, das er furchtbar gern hätte; er hat im Wesentlichen alles, was er braucht. Er leidet keinen Mangel, vermisst nichts, er fühlt keine Leere und keine Lücken. Wünsche und ihre Erfüllung sind nicht sein Problem. Diese Abgrenzung des Glücklichseins von der bloßen Zufriedenheit korrespondiert denn auch genau mit der Entwicklung, die dieser Begriff genommen hat.

Die Herkunft des Glücks-Begriffs

Die Herkunft des Wortes „Glück(lichsein)" in seiner heutigen Bedeutung geht auf das mittelhochdeutsche GELÜCKE zurück, das ursprünglich einfach das Ausfüllen einer Lücke meinte (im Englischen hieß das damals ganz ähnlich, nämlich LUCK!). GELÜCKE tritt dann später vor allem in juristischen Zusammenhängen auf und steht dort für das Beenden oder Beschließen einer Sache, und noch später dann ganz allgemein dafür, wie eine Sache ausgeht. Dieser Gebrauch wird dann – wie so oft – über den juristischen Bereich hinaus ausgedehnt und meint schließlich das, was heute GESCHICK im Sinne von SCHICKSAL heißt. Zunächst ganz neutral verstanden, verengt sich die Verwendung dann aber und bezieht sich nur noch auf das *günstige* Schicksal, also den heutigen glücklichen Zufall oder kurz GLÜCKSFALL.

Und dadurch tritt dann bald die Zweitbedeutung auf, die heute gleichberechtigt neben der ersten steht: weil ein Glücksfall natürlich bei dem Betroffenen die Stimmung hebt, bezeichnet dann *Glück* sowohl den glücklichen Zufall als auch das intensive Hochgefühl, das oft damit einhergeht. Im Deutschen ist es heute deshalb hilfreich, diesen herrlichen seelischen Zustand weniger missverständlich mit *Glücklichsein* zu bezeichnen. In vielen anderen Sprachen gibt es diese Doppeldeutigkeit nicht, im Englischen etwa heißt dieses Glück ja *Happiness* und der bloße Glücksfall blieb beim früheren *luck*.

Die deutsche Doppeldeutigkeit hat aber immerhin den Vorteil, den Ursprung stärker bewahrt zu haben. Vom Ursprung her trägt der Begriff des Glück(lichseins) also auch die Vorstellung des Ergänzten oder Ganzen schon mit sich. Der Aspekt des Ganzen findet sich beim Glücklichsein sogar in zweifacher Hinsicht. Der Glückliche selber ist zum einen *ganz* oder *heil* und bedarf keiner weiteren Stimulanzen oder Heilmittel. Er ist nämlich zweitens angekommen in einem größeren Ganzen, er fühlt sich zugehörig und aufgehoben in einem heimatlichen Lebenskreis. Er ist ein Ganzes in einem Ganzen, so begreift er intuitiv – oder, wie man treffend sagen könnte, *romantisch* – sein Leben. (Denn originale Romantik ist sehr viel mehr als die bloße Sentimentalität, auf die sie meistens reduziert wird.) Das erst ist echtes Glücklichsein, wenn wir uns trauen, diesen Begriff so anspruchsvoll zu füllen, wie er es verdient.

Kennzeichen des Glücklichseins

Wie anspruchsvoll jenes Glücklichsein tatsächlich ist, das mir hier – wie seinerzeit Epikur oder Rousseau – vorschwebt, wird deutlich, wenn wir seine Auswirkungen auf das Verhalten eines Menschen betrachten. Ein wirklich glücklicher Mensch kann von sich und seinem Leben sagen:

ES IST GUT, WIE ES IST, UND WÄRE ES ANDERS, WÄRE ES AUCH GUT.

Wenn ich mich als Teil von etwas Wunderbarem empfinde, dann fühle ich mich eingefügt in ein großes Ganzes, dessen Wunderbarsein natürlich nicht von meinen Wünschen abhängen kann. Sondern umgekehrt darf ich mich glücklich schätzen, daran teilzuhaben, ganz unabhängig davon, welchen Verlauf die Dinge nehmen. Meistens empfinden wir nicht so. Wenn etwas schlecht läuft, hat es die Empfindung, an etwas Wunderbarem beteiligt zu sein, meistens ziemlich schwer, zu entstehen. Aber meistens wollen wir mit dem, womit wir gerade beschäftigt sind, ja auch erst glücklich werden und sind es eben noch nicht.

Stellen wir uns eine Situation vor, die an sich nicht gerade erfreulich ist: Der Besitzer eines wertvollen Wagens ist auf dem Weg zu einem wichtigen Termin. Er ist guter Dinge, denn er freut sich, dass er diesen Termin bekommen hat und dass sein Auto Aufsehen erregt. Dann passiert's: als er nach rechts in eine schmale Straße abbiegen muss und einem von dort kommenden Auto freundlich die Vorfahrt lässt, nimmt dieses leider die Kurve so eng, dass die Stoßstangen sich verhaken, halb abreißen und schließlich verbogen herunterbaumeln. Das edle Auto bietet jetzt einen ziemlich jämmerlichen Anblick. Und der Termin lässt sich auch nicht mehr einhalten.

Bei einem bloß zufriedenen Menschen ist die gute Laune jetzt sofort wie weggewischt. Er wird zornig, laut und unangenehm. Von freundlicher Gelassenheit keine Spur mehr, denn der Zwischenfall durchkreuzt massiv seine Pläne. Bloße Zufriedenheit ist schnell verflogen, weil sie nicht tief gründet und deshalb nicht über ihre Anlässe hinausreicht.

Ganz anders verhält es sich bei einem zutiefst glücklichen Menschen. Der amüsiert sich vielleicht sogar über den kuriosen Zusammenstoß, zumindest aber ist ihm vollkommen bewusst, dass ein dummer Unfall jederzeit vorkommen kann, wenn man sich im Straßenverkehr bewegt, und dass sich das alles freundlich und in aller Ruhe regeln lässt. Beulen haben sowieso keine Bedeutung und Termine sind immer nur *relativ* wichtig. Der glückliche Mensch bleibt entspannt und heiter, weil er durchdrungen ist von der Empfindung, in viel viel größere Zusammenhänge eingebunden zu sein. Ärgern und Klagen ist für ihn nicht nur zwecklos, es ist ihm gar nicht danach. Zwar lässt auch ein glücklicher Mensch sich nicht alles gefallen, sondern reagiert und regelt seine Angelegenheiten durchaus selbstbewusst, aber er bleibt stets *durchlässig* für überpersönliche Faktoren und Belange.

Der glückliche Mensch bleibt also gelassen, ohne dass er gleichgültig wäre. Er handelt und greift ein, aber im Grunde ist er einverstanden mit allem, was geschieht. Er lässt gewissermaßen sein eigenes Handeln geschehen, er ist auf eine seltsame Art nur wie ein Medium, während er konzentriert und aufmerksam seinen Interessen nachgeht. Es ist, als zögen die Dinge durch ihn hindurch, als handelte er und schaute sich dabei zu wie einem anderen. Denn der glückliche Mensch weiß: was immer einer tut, er ist immer auch *Teil* eines Geschehens. Er ist sozusagen unparteiisch auch gegenüber sich selbst, er nimmt sich zurück, während er sich einbringt. Er agiert und fühlt sich, wie gesagt, *durchlässig..*

Hören wir am Besten wieder einen Dichter, um diese Dinge noch anschaulicher zu vermitteln, als das mit den nüchternen, analytischen Mitteln der Philosophie möglich ist. Die folgende Passage stammt aus dem Buch „Der Ritter ist gestorben" von Cees Nooteboom:

Ich bin geschwommen, mit meiner Taucherbrille. Es war kühl dort unten in diesen ehrfurchtgebietenden Sälen. Tang bewegte sich, Fische glitten langsam und lautlos an mir vorbei. Felshöhlen, besetzt mit Seeigeln und roten Anemonen, Sandflächen, gefältelt wie Saharadünen. Eine glückliche Welt. Selbst langsam, glitt ich in völliger Stille dazwischen durch, über Wiesen und Abgründen fliegend in meinem unaussprechlichen Glück, ab und zu landend auf kleinen Koralleninseln, Fischen zuwinkend, nach Einsiedlerkrebsen in ihren Schalen tauchend. Ich verspürte ein seltsames Verlangen, dort auf dem Grund zu liegen, entspannt wie ein Toter (…).

Es wäre ein großes Missverständnis, dieses grundsätzliche Einverstandensein des glücklichen Menschen als eine Form von feigem Sichfügen, als einen Mangel an Integrität oder Initiative zu verstehen. Der glückliche Mensch erklärt nicht einfach die Welt als vollkommen, um sich keine Mühe geben zu müssen. Der intuitive Zustand des Glücklichseins ist ja gerade kein erklärendes Verstehen. Sondern der glückliche Mensch gibt sich zugleich Mühe und lässt den Dingen ihren Lauf. Er weiß, *dass das Gras nicht schneller wächst, wenn man daran zieht*, wie es im Weisheitsschatz vieler Völker heißt. Aber er sorgt dafür, dass es gedeiht. Diese Haltung nennt der Taoismus beispielsweise das TE: die Tugend des *intelligenten Mitgehens* mit den Kräften und Gesetzmäßigkeiten des Universums. Laotse sagt:

„Sich zeugend wissen und dennoch empfänglich bleiben,
heißt den Urgrund der Welt leben."

Natürlich nicht so schön, aber dafür in eigenen Worten gesagt:

Etwas tun, ja; aber wie absichtslos.
Warten, ja; aber nicht mit den Händen im Schoß.

Tätig sein und nicht tätig sein haben hier denselben Rang, gehen untrennbar, ja ununterscheidbar ineinander auf.

Glückliche kennen keine Enttäuschungen

Weil ein zutiefst glücklicher Mensch in dieser durchlässigen Weise handelt, die nichts erzwingen will, ist er anders als der bloß Zufriedene auch *nicht enttäuschbar.* Eine Enttäuschung beruht ja immer auf einer trügerischen Hoffnung oder zu hohen Erwartung, und die ergeben sich in der Regel daraus, dass ich mir selbst etwas vormache oder Informationen ausblende. Natürlich müssen wir ständig Situationen interpretieren und Vermutungen über den weiteren Verlauf anstellen, d.h. einiges können wir vorher gar nicht oder nur mit geringer Wahrscheinlichkeit wissen. Dann sind aber große Hoffnungen oder Erwartungen auch nicht angebracht. Und auch dort, wo wir uns auf zahlreiche Erfahrungen verlassen, dürfen wir nie ganz vergessen, dass wir uns im Reich der Wahrscheinlichkeiten befinden. Da jedes Geschehen mit vielen anderen Geschehen verflochten ist, lassen sich Abweichungen niemals ausschließen. Darauf zielt auch dieser kluge kleine Ratschlag ab, der leider nicht immer leicht zu beherzigen ist:

NICHT ÄRGERN, WUNDERN.

Seien wir ehrlich: im Grunde sind wir oft nicht wirklich überrascht, wenn die Dinge sich anders entwickeln oder die Leute sich anders verhalten, als wir glaubten. Viele unserer Einschätzungen könnten zutreffender – oder zurückhaltender – sein, wenn wir genauer und nüchterner hinsehen würden. Aber das tun wir nicht, weil wir nun einmal ein ganz bestimmtes Ergebnis *wollen.* Um die tatsächlichen Verhältnisse oder um die Interessen der Anderen kümmern wir uns dabei oft zu wenig. In dieser rücksichtslosen Weise zu wollen nun ist egozentrisch und zudringlich und damit das Gegenteil jener Durchlässigkeit, die das Glücklichsein erfordert. Der Glückliche agiert, indem er reagiert, denn er empfindet sich selbst als Teil eines größeren Ganzen und dieses größere Ganze empfindet er als wunderbar. In einer solchen Verfassung sind Enttäuschungen nicht möglich. Aber – ich wiederhole – das hat überhaupt nichts mit Gleichgültigkeit zu tun. Der glückliche Mensch agiert zwar spielerisch, aber er gibt sich gleichwohl Mühe, denn die Dinge des Lebens bedeuten ihm viel.

Glückliche haben Humor

Der glückliche Mensch agiert ernsthaft, aber nicht ernst – um eine weitere Formulierung einzuführen – weil er diese Dinge zu jeder Zeit auseinander halten kann. Und wer das kann, der hat grundsätzlich HUMOR. Denn genau darin, denke ich, besteht Humor: in der Fähigkeit, jene Perspektive einzunehmen, die zwischen ernsthaft und ernst unterscheidet und das ganz Ernste komisch findet. Ein humorvoller Mensch hat auch Ambitionen, aber er wird nicht unangenehm, nicht vorwurfsvoll oder wütend, wenn nicht alles so kommt, wie er möchte. Er kann sogar eine Liebe, die sich nicht entfalten darf, noch genießen. Weil er eben diesen Sinn für das größere Ganze hat.

Das heißt aber nicht, dass ein Mensch mit Humor Missgeschicke und Widrigkeiten an sich witzig findet. Ein humorvoller Mensch ist nicht unentwegt ausgelassen oder heiter. Aber es amüsiert ihn immer, wenn irgendetwas ungeheuer ernst und wichtig genommen wird. Wie Wittgenstein sagt. *„Humor ist keine Stimmung, sondern eine Weltanschauung."* Humorvoll betrachtet ist nichts ganz unwichtig, aber auch nichts über alle Maßen wichtig – weil eben alles in vielerlei Zusammenhängen steht. Ein Unfall etwa ist natürlich an sich nicht *lustig*, aber eine Person, die sich bei einem Unfall sehr theatralisch benimmt, kann ziemlich komisch sein.

Auf einen Menschen mit Humor wirken selbstgefällige oder großspurige Auftritte ausgesprochen komisch. Humorvoll sein und bleiben beschränkt sich also nicht auf Missgeschicke, sondern betrifft alle Lebenslagen. (Das Sprichwort *Humor ist, wenn man trotzdem lacht* ist deshalb, wie viele Sprichwörter, nur zur Hälfte richtig.) Eine Person, die ihre Pläne, ihre Erfolge und sich selbst furchtbar wichtig nimmt, ist letztlich eine lächerliche Figur. Das Getue, das Affektierte, das Sich-in-Szene-Setzen, Sich-Produzieren, das Beifallheischende, das Kapriziöse und Blasierte, alles das ist humorlos, aber selber von unfreiwilliger Komik. Natürlich kann man darüber hinaus mit Wichtigtuerei auch *kokettieren* – was dann wieder von Humor zeugt, weil es ja spielerisch geschieht.

Humor zu haben heißt nicht unbedingt, glücklich zu sein, denn die Unterscheidung von ernsthaft und ernst ist nicht auf die Empfindung von etwas Wunderbarem angewiesen. Es gibt ja auch so etwas wie Galgenhumor. Aber umgekehrt gilt unbedingt, dass glückliche Menschen immer humorvolle Menschen sind.

Das Risiko Liebe

Wenden wir uns schließlich kurz der LIEBE zu. Wenn wir etwas lieben – zu etwas in Liebe fallen, wie es so schön heißt –, dann deshalb, weil der Gegenstand unserer Anbetung etwas Wunderbares zu verkörpern scheint, und zwar in einer Form, die uns *besonders anspricht.* Es gibt ja sehr viel mehr Dinge, die in mir die Ahnung von etwas Überwirklichem erregen – die ich also schön finde –, als Dinge, die ich liebe. Umgekehrt finde ich aber unbedingt alles, was ich liebe, auch schön. Liebe ist noch *persönlicher* als das rein ästhetische Empfinden. Liebe entsteht durch etwas, das ich als schön und wunderbar empfinde und dem ich mich *außerdem innig verbunden* fühle, weil es mit meiner Grund-Stimmung harmoniert, meinem seelischen Betriebsprogramm sozusagen entspricht.

Manche Menschen sind so gestimmt, dass sie in besonderer Weise auf das Zierliche oder beinahe Schwebende ansprechen, andere fühlen sich stärker zum Kraftvollen oder Gewaltigen hingezogen; manche lieben das Maßvolle oder Ruhige, andere lieben das Unbändige oder Lebhafte, manche das Verspielte oder Feine, andere das Strenge oder Feste. Manche Kulturen verehren Katzen, andere Kühe – intuitiv und je nach Typ. Jede Liebe ist eine Vorliebe. Was übrigens unter anderem zur Folge hat, dass sich hier die Sinnfrage gar nicht stellt. Das Geliebte wird, wie gesagt, immer als wunderbar empfunden.

In Hinsicht auf das Glücklichsein hat die Liebe deshalb allerdings Licht- und Schattenseiten. Denn dort, wo ich zwar liebe, aber abgelehnt werde, bin ich unglücklich. Ich empfinde mich dann ja nicht als zugehörig zum Wunderbaren, sondern empfinde stattdessen eine unstillbare Sehnsucht, einen tief greifenden Mangel. Eine gegenseitige, harmonische Liebesbeziehung hingegen kann glücklich machen wie nur Weniges. Solche Beziehungen sind besonders kompliziert – aber auch besonders faszinierend – zwischen zwei erwachsenen Personen, die einander zunächst eigentlich fremd sind. Aber auch Kinderliebe oder sogar Tierliebe (oder sogar Naturliebe usw.) entsteht auf die gleiche Weise. Denn die Liebe spielt sich ja im Liebenden ab.

Warum lieben Eltern ihre Kinder? Weil es so unbegreiflich, so wunderbar erscheint, einen lebenden Menschen erzeugt zu haben und daran teilzunehmen, wie er sich entwickelt, wächst und gedeiht. Kinder dagegen können selber anfangs noch nicht lieben. Lieben können setzt die Fähigkeit voraus, Schönheit zu empfinden, und für Schönheit sind wir erst empfänglich, wenn wir die Erfahrung gemacht haben, dass es sowohl Erklärliches wie auch Unbegreifliches gibt. Aber auch mit dieser Erfahrung setzt die Liebe nicht zwangsläufig ein. Neben anderen Störfaktoren stört dabei vor allem der zunächst natürliche Hang zur Egozentrik. Und ist der einmal außer Kraft, kommt es noch lange nicht zur Gegenliebe. Jede Menge Komplikationen sind möglich, wie wohl jeder schon erfahren musste. Oft stehen wir uns auch selbst im Weg, denn Liebende sind ja sehr empfindlich, weil sie häufig befürchten, nicht wirklich wiedergeliebt zu werden. Dieser Argwohn ist verständlich, denn immerhin steht ja ihr Glück auf dem Spiel. Liebe ist Chance, aber auch Gefahr für Glück und Seelenheil.

Die Gefahren, die mit der Liebe verbunden sind, sind erst dann zuverlässig gebannt, wenn ein Mensch ohnehin weit fortgeschritten in der Kunst des Glücklichseins ist und deshalb sagen kann: es ist gut, wie es ist, und wäre es anders, wär's auch gut. Die günstigste Ausgangslage für eine tief beglückende und lang dauernde Liebesbeziehung ist wohl immer dann gegeben, wenn die Partner ihrer Liebe nicht zuviel zumuten, sondern auch andere Quellen des Glücks kennen und pflegen, um entspannt aufeinander zuzugehen.

Viel zu gewinnen und nichts zu verlieren

Auf eine anspruchsvolle Definition des Glücklichseins reagieren viele Menschen mit dem leicht gereizten Einwand: warum so viel verlangen? Noch heftiger wird die Reaktion, wenn dann noch die *Glückseligkeit* – also der ununterbrochen anhaltende Zustand des Glücklichseins – ins Spiel kommt. Ich habe in vielen Gesprächen eine Erfahrung gemacht, die mich anfangs sehr irritierte: die meisten Menschen *wehren* sich vehement dagegen,

Glückseligkeit für erstrebenswert zu halten. Ihre spontane Begründung lautet: Glückseligkeit wäre doch schrecklich langweilig. Aber das ist schnell widerlegt: Glück und Langeweile sind beides *Empfindungen*, und sie schließen einander kategorisch aus. Entweder ich empfinde das eine oder das andere. Wer sich langweilt, ist nicht glücklich, und wer glücklich ist, langweilt sich nicht. Permanentes Glücklichsein bedeutet also, dass Langeweile völlig unmöglich ist.

Kaum ist dieser Einwand widerlegt, kommt sofort der zweite, der da lautet: Dauerndes Glück kann es nicht geben, weil ein Dauerzustand uns irgendwann gar nicht mehr bewusst ist. Glückliche Zeiten müssen sich mit unglücklichen Zeiten abwechseln, sonst gewöhnt man sich so sehr daran, dass man gar kein Glück mehr empfindet. Aber dieser Einwand beruht auf einem Missverständnis. Er verwechselt *Empfinden* mit *Wahrnehmen*. Einen Dauerton höre ich irgendwann nicht mehr, das ist richtig. Wahrnehmungen stumpfen ab, wenn kein Wechsel stattfindet. Aber für eine Empfindung gilt das nicht, sie kann unbegrenzt dauern. Genau wie manche Menschen ununterbrochen Schmerzen empfinden, könnte ich im Prinzip auch ununterbrochen glücklich sein.

Doch obwohl ihre beiden stärksten Argumente damit entkräftet sind, bleiben die Glückseligkeits-Gegner meistens trotzdem störrisch. Wo liegt ihr Problem?, fragt man sich unwillkürlich, wenn man (wie ich) der Ansicht ist, dass es kaum etwas Besseres geben kann, als glückselig zu sein. Irgendwann habe ich dann, glaube ich, begriffen, wo sie der Schuh wirklich drückt. Die meisten Menschen richten sich im Leben irgendwie ein und sind damit leidlich zufrieden. Und sie haben Angst, diese relative Behaglichkeit aufzugeben, um nach Glückseligkeit zu streben. Denn wenn sie die Glückseligkeit dann nicht erreichen, so fürchten sie, dann würden sie dadurch unzufrieden – d.h.

am Ende hätten sie sich verschlechtert! Also belassen sie doch lieber alles so, wie es ist. Lieber den Spatz in der Hand als die Taube auf dem Dach.

Tatsächlich ist diese Befürchtung aber unbegründet. Das gezielte Arbeiten am eigenen Glück ist ja eine Bewegung weg vom Kreisen um sich selbst. Es relativiert die Erwartungen und Ansprüche und führt in diesem Sinne zu größerer Bescheidenheit. Und das ist gleichzeitig natürlich die beste Basis für größere Zufriedenheit, weil weniger und kleinere Wünsche viel leichter zu erfüllen sind. Über die durchschnittliche Zufriedenheit hinaus nach einem tiefen Glück oder gar Glückseligkeit zu streben, kann und wird das Leben deshalb nur bereichern, keinesfalls ärmer machen. Wir haben hier viel zu gewinnen und nichts zu verlieren.

DIE ROLLE GÜNSTIGER VORAUSSETZUNGEN

Die Umstände nicht überschätzen

Wie wir vorhin schon sahen, kann es durchaus vorkommen, vom Glück gewissermaßen überrascht zu werden. Die Überraschung tritt vor allem dadurch ein, dass die Voraussetzungen eigentlich nicht für Glücksgefühle geeignet sind. Vielleicht bin ich zum Beispiel eigentlich gerade frustriert oder voller Sorgen und deshalb negativ eingestellt, verschlossen und reizbar. Oder ich fühle mich gerade insgesamt nicht besonders gut, bin unausgeglichen oder unpässlich, angespannt oder erschöpft. Oder vielleicht ist eigentlich gar nichts Besonderes passiert. Ich bin plötzlich glücklich aufgrund eines Anblicks, einer Begegnung oder eines Tuns, wie ich sie ganz ähnlich schon oft erlebt habe, ohne dass sie mich in eine gehobene Stimmung versetzt hätten. Glück von dieser verblüffenden Art kommt vor. Aber nicht oft. Und jedenfalls nicht oft genug und ganz sicher nicht dauerhaft.

Im Allgemeinen stellt sich das Glücklichsein dann ein, wenn die Voraussetzungen dafür günstig sind. Mit diesen günstigen Voraussetzungen kann, wie gerade deutlich wurde, dreierlei gemeint sein: entweder mein Allgemeinbefinden oder meine Geisteshaltung oder die äußeren Umstände. Besonders wichtig scheinen die Umstände zu sein. Ein herrlicher Tag, ein besonderes Ereignis, ein Erfolg oder Fortschritt, liebevolle Zuwendung, nachlassende Schmerzen, romantische Atmosphäre und andere Dinge dieser Art führen ziemlich zuverlässig zu glücklichen Stunden, häufig sogar dann, wenn die Zeiten eigentlich gerade schwierig sind. Leider lassen sich diese Dinge oft nicht nach Belieben einrichten, und vermutlich aus diesem Grunde hält sich so hartnäckig die Ansicht, dass glückliche Momente eben *Glücksache* seien, Fügungen des Schicksals, nicht berechenbar und nicht beeinflussbar. Diese Ansicht überschätzt aber die Umstände und unterschätzt unsere eigenen Möglichkeiten.

Die richtige Einstellung finden

Eine Philosophie des Glücks sieht in den Umständen eine weniger wichtige Größe konzentriert sich stattdessen auf eine positive Geisteshaltung. Die richtige Einstellung zum Leben, so die Idee, kann dafür sorgen, dass ich eben nicht mehr auf ganz besondere, begeisternde Umstände angewiesen bin, um Glück zu erleben. Sondern ich kann auch unter ganz gewöhnlichen Umständen wahrhaft glücklich sein, wenn ich mich in dieser Kunst auskenne und sie pflege. Und das liegt bei mir, das kann ich aus eigener Kraft erreichen, indem ich mich ernsthaft mit der Frage auseinander setze, worauf es im Leben denn letztlich wirklich ankommt. Obwohl auf diese Frage viele verschiedene Antworten möglich sind, so haben sie offenbar doch eines gemeinsam: sie betonen immer den Vorrang geistiger Werte, nie die Wichtigkeit materieller Reichtümer. (Auf die relative Belanglosigkeit eines dicken Bankkontos soll im Übrigen nicht weiter eingegangen werden, dieser Punkt ist mittlerweile ausgiebig erforscht und dokumentiert worden. Ganz kurz gesagt verhält es sich so: große finanzielle Sorgen stehen dem Glücklichsein zwar entgegen; aber wenn solche nicht vorhanden sind, dann tragen ein hohes Einkommen oder ein Lottogewinn zu einem glücklichen Leben nichts weiter bei.)
Eine philosophische, durchdachte Weltanschauung wird immer von der Erkenntnis geprägt sein, dass im Kleinen

wie im Großen alle Dinge in vielerlei Zusammenhängen stehen und dass Egozentrik oder Anspruchsdenken deshalb nicht nur schlecht, sondern regelrecht *dumm* sind. Wo diese Erkenntnis dann tatsächlich verinnerlicht und wirksam wird, dort führt sie – Hand in Hand mit der Vernachlässigung materieller Werte – zu einer Grundhaltung der Toleranz, Bescheidenheit und Genügsamkeit. Und diese Haltung ist eine gute Voraussetzung dafür, die nötige Zurückhaltung und Achtsamkeit zu üben, um behutsam und ohne falschen Ehrgeiz zu handeln und dadurch die Tugend der Durchlässigkeit zu pflegen.

Es gibt hier aber keine Abkürzung. Man kann sich die richtige Einstellung nicht einfach vornehmen oder sich gar zu ihr zwingen. Sie muss solide wachsen, und sie gedeiht nur auf dem Boden von echten, mit Einsicht erworbenen Überzeugungen. Darum ist auch der häufig gehörte Ratschlag, sich an den einfachen Dingen des Lebens zu freuen, um glücklich zu werden, unsinnig. Denn wer das *kann*, sich an Kleinigkeiten so zu freuen, der ist bereits am Ziel und braucht keine Ratschläge mehr. Das Gleiche gilt für den gut gemeinten Ratschlag, die Gegenwart zu genießen – als wenn man sich das bloß vorzunehmen bräuchte, um es in die Tat umzusetzen! Alle diese Ratschläge machen wieder den Fehler, Rezepte geben zu wollen, wo Rezepte nicht möglich sind.

Der Könner in Sachen Glücklichsein gibt den Umständen also nicht darum weniger Bedeutung, damit sich leichter *Zufriedenheit* einstellen kann. Denn das ist ja nicht genug, echtes Glück ist mehr, tiefer und umfassender als Zufriedenheit. Sondern für ihn sind die Umstände deshalb nicht besonders wichtig, weil seine Haltung der Achtsamkeit und Durchlässigkeit eine Stimmung erzeugt, die auch das Gewöhnliche mit einem besonderen Glanz überzieht und ihn deshalb auch die kleinen Dinge schätzen lässt. Der Glückliche romantisiert die ganze Welt sozusagen, aber nicht, ich wiederhole, im Sinne von Verdrängung oder Schönfärberei. Er schaut ja aus der Perspektive eines vertieften Verständnisses, er hat Sinn für das Wunderbare.

Der philosophische Weg, über die beharrliche Arbeit an der richtigen Einstellung zum Glück gelangen zu wollen, ist darum vernünftig und aussichtsreich. Hier können wir am meisten erreichen, und verglichen hiermit sind alle anderen Faktoren nebensächlich. Auch all die glücklichen Stunden, die sich vor allem besonderen Anlässen verdanken, sprechen nur scheinbar dagegen. Denn was bewirken z.B. die Geburt eines Kindes, ein herrlicher Spaziergang in einer herrlichen Landschaft oder ein romantischer Abend? Sie machen mich nachgiebig und zurückhaltend, behutsam und besonnen, durchlässig und geradezu *demütig,* wenn damit gemeint ist: sich gerne einzuordnen und sich dem Lauf der Dinge zu überlassen, sich einzubringen ohne zu hadern oder etwas zu erzwingen. Besondere Anlässe bewirken also das Gleiche, was sich philosophisch gezielt angehen lässt: sie führen zu jener Haltung, die das Glücklichsein befördert.

Das Allgemeinbefinden nicht vergessen

Ähnlich wie die Umstände ist auch das Allgemeinbefinden von untergeordneter Bedeutung, aber trotzdem nicht ganz unwichtig. Wenn mich gerade etwas tief glücklich macht, dann haben Unpässlichkeiten, sogar Krankheiten, Verstimmungen oder Ärger, kurz: körperliche oder seelische Beeinträchtigungen oder auch Unausgeglichenheit kein Gewicht mehr. Sie sind wie aufgelöst in den Wogen des Glücks.

Trotzdem bleibt es aber ratsam, sich auch um seinen allgemeinen Zustand zu kümmern. Denn häufig sind

Unausgeglichenheit oder Verstimmung durch ein Glücksmoment gar nicht wirklich aufgelöst, sondern in dessen Wogen bloß kurz untergegangen. Oft tauchen sie bald wieder auf. Neuere Forschungen lassen vermuten, dass im Gehirn verschiedene Bereiche für gute und für schlechte Stimmungen zuständig sind. Gute und schlechte Stimmung können also prinzipiell nebeneinander existieren, d.h. sie ersetzen einander nicht und sie löschen sich gegenseitig auch nicht aus. Und außerdem ist es natürlich so, dass die Chancen für glückliche Momente deutlich steigen, wenn ich in einer guten Allgemeinverfassung bin. Verstimmungen und Unausgeglichenheit können *im Vorfeld* so manche glückliche Entwicklung behindern, weil sie einen schlechten Einfluss auf meine Einstellung haben und die Empfänglichkeit für das Wunderbare, das es zu entdecken gilt, stören.

Und das ist gleich ein zweifacher Verlust. Glückliche Momente folgen nämlich wie alle Empfindungen dem Schneeball-Prinzip. Um es griffig zu formulieren: *Je mehr man sich freut, desto mehr freut man sich.* Wenn ich mich auf etwas Gutes, das es *jetzt* zu entdecken gibt, konzentriere, statt an irgendetwas zu denken, dem ich besorgt entgegensehe, dann hebt dies meinen Freude-Spiegel sozusagen an und lässt mich die Zukunft gelassener und positiver angehen. Tritt das, was mich beunruhigte, dann ein, dann schreckt es mich weitaus weniger. Diese Erfahrung lässt sich ebenfalls durch neurobio-logische Erkenntnisse stützen. Unser Gehirn ist nämlich niemals endgültig entwickelt, sondern erweist sich als ausgesprochen plastisch und anpassungsfähig. Es verändert sich in einem fort mit den Erfahrungen, die wir machen. Das bedeutet, dass zahlreiche glückliche Momente machen mich zunehmend empfänglicher für das Glück machen und umgekehrt. Auf die Dauer lässt sich so das generelle Glücks-Niveau kontinuierlich verbessern.

Und schließlich gibt es noch diesen Grund, die allgemeine Verfassung nicht zu vernachlässigen: Die Trennung zwischen Einstellung und Allgemeinbefinden ist genau wie die Trennung zwischen den Umständen und der Einstellung zwar theoretisch richtig und erhellend. In der Praxis können all diese Aspekte aber wieder auf das Engste miteinander verknüpft sein. Die Maßnahmen, die ich ergreife, um mein allgemeines Wohlbefinden zu fördern oder zu erhalten, können auch meine Haltung kultivieren und meine Stimmung beeinflussen. Wenn ich beispielsweise regelmäßig Spaziergänge mache, um Frischluft zu tanken und meinen Kreislauf zu stärken, dann fühle ich mich insgesamt ausgeglichener und zufriedener. Gleichzeitig ist ein Spaziergang, der diesen Namen verdient, aber auch frei von Ehrgeiz; ich schreite locker und entspannt, halte Tempo und Wegstrecke wohldosiert, bin empfänglich für vielfältige Eindrücke und genieße die Empfindung des Gegenwärtigseins.

Damit bin ich noch nicht wahrhaft glücklich, aber wenn ich dieses Verhalten verinnerlichen und zur Haltung machen kann, dann stehen die Chancen gut, dass ich mich früher oder später wie durchlässig empfinde und dass die vielen Eindrücke, die ich in dieser Verfassung aufnehme, sich wie von selbst zu einem vertieften Verständnis der Natur fügen. Ich sehe oder ahne elementare Beziehungen, die ich als *wunderbar* empfinde, also als derartig schön, dass die Frage nach dem Sinn des Lebens selber unsinnig erscheint. Und wenn mir dabei aufgeht, dass ich ja dazugehöre, wenn ich mich also als Teil von etwas Wunderbarem empfinde, dann bin ich glücklich.

Es gibt keine Garantie

So gesehen ist es also auch in Hinsicht auf das Glück klug, immer in möglichst guter Verfassung zu sein. Nur darf man daraus keine falschen Schlüsse ziehen. Die Zusammenhänge zwischen dem Allgemeinbefinden, der inneren Haltung und dem Glücklichsein sind zwar eng, aber nicht miteinander verkettet. Wenn ich zum Beispiel regelmäßig die Erfahrung mache, dass ich mich mit den entsprechenden Übungen eigentlich bloß entspannen oder fit halten wollte, am Ende aber glücklich bin, dann verfalle ich leicht auf den Schluss, dass Entspannungs- oder Fitnessübungen automatisch glücklich machen. Leider sind die Zusammenhänge in Wahrheit ja nicht so schlicht, aber das wird noch dadurch verschleiert, dass es hier ein durchgängiges Merkmal zu geben scheint: *hier wie dort wird das Verstreichen der Zeit nicht mehr empfunden.*

Sieht man allerdings genauer hin, findet sich ein wichtiger Unterschied. Dass *dem Glücklichen keine Stunde schlägt,* wie das Sprichwort ganz richtig sagt, bedeutet präziser gesagt: die Zeit vergeht unbemerkt, weil den Glücklichen weder Langeweile noch Zeitdruck belästigen. Für ihn ist das Leben *lauter Gegenwart.* Das gilt sogar für Erinnerungen und Tagträume, auch sie sind dem Glücklichen so gegenwärtig, dass er keinerlei Bewusstsein von Vergänglichkeit mehr hat. Ein Sprichwort aus China lautet:

Wer einen Tag in vollkommener Muße verbracht hat,
war einen Tag lang ein Unsterblicher.

Unsterblich zu sein heißt hier aber nicht zeitlos zu sein, sondern ewig zu sein im Sinne von: sich einer unbegrenzten Gegenwart zu erfreuen. Wenn ich mich dagegen lediglich entspanne oder konzentriert ein Fitness-Programm absolviere, dann vergesse ich zwar auch die Zeit, aber meistens in der Weise, dass ich einfach *aus der Zeit falle,* und zwar aus jeglicher Zeit. Ich handle so selbstvergessen, dass ich auch kein Empfinden der Gegenwart mehr habe, und schon gar kein gesteigertes. Das ist der Unterschied, obwohl hier wie dort die Zeit scheinbar nicht mehr vergeht. Und selbst wenn ich mich in einer Weise entspanne, die mit einem starken Empfinden der Gegenwart verknüpft ist, selbst dann bin ich ja noch nicht automatisch glücklich, wie wir schon gesehen haben. Ein Spaziergang kann mich zwar glücklich machen, aber wenn ich in sehr trauriger Stimmung bin und dann sehr bewusst spazieren gehe, dann ändert sich meistens trotzdem nicht viel. Um durch einen bewussten Spaziergang in der richtigen Haltung schließlich *glücklich* zu werden, muss ja noch einiges dazukommen: ich muss durchlässig werden, ein vertieftes Verständnis entwickeln und mich schließlich als Teil von etwas Wunderbarem empfinden. Wenn ich mir von einem Spaziergang zuviel verspreche, dann bin ich vielleicht hinterher noch mutloser als zuvor.

Das bestätigen letztlich sogar jene irritierenden Fälle, in denen sich das Glück trotz äußerst ungünstiger Voraussetzungen einstellt. Es gibt nämlich eine einfache Erklärung dafür: manchmal scheinen die Umstände oder meine Verfassung so deprimierend und hoffnungslos zu sein, dass ich gerade *deswegen* ganz ruhig werde und innehalte, die Anspannung ablege und den Dingen ihren Lauf lasse. Ich greife dann nicht mehr ehrgeizig ein, sondern warte ab, ich nehme mich zurück und verlege mich aufs Beobachten und aufs Reagieren, statt offensiv vorzugehen. Und auf diese Weise gleite ich ganz unerwartet in eben die Haltung, die dafür sorgen kann, dass die Dinge sich in mir wieder zu jenem tieferen Verständnis fügen, welches in der Empfindung, ein Teil von etwas Wunderbarem zu sein, resultieren kann.

Solche überraschend glücklichen Entwicklungen können also vorkommen, aber man sollte sich nicht darauf verlassen. Aussichtsreicher ist es, den Weg zum Glück besonnen zu strukturieren und dann die richtigen Dinge zur richtigen Zeit zu tun. (Ganz zu schweigen davon, dass dieser Weg von der Krise ins Glück ja durch ziemlich unerfreuliche Phasen führt.) Die Arbeit am eigenen Glück ist zwar anspruchsvoll, aber lohnend, und die einzelnen Schritte sind ohne weiteres machbar. Ich kann einiges für mein Glück tun, ich kann es fast jederzeit tun, und alles, was ich tue, wird mich voranbringen. Ich darf nur nie den Fehler machen, *nützliche* Schritte zum Glück für *ausreichend* zu halten. Eine Garantie, einen automatischen Weg zum Glück gibt es nicht. Das meinte wohl auch Ludwig Hohl, als er sagte:

„Das Leben ist einen Schritt von dir entfernt, nur einen Schritt, aber immer einen Schritt, den Schritt muss man immer wieder tun."

Wer die Zusammenhänge zu simpel veranschlagt, der bringt sich selbst um das Beste. Diesen Fehler machen auch all jene Rezepte, die den Weg zum Glück damit verwechseln, Strategien für das Bewältigen von Unglück zu verfolgen. Das ist ein beliebtes Thema in der Literatur zum Glücklichsein, die ja im zweiten Teil exemplarisch behandelt werden soll.

Teil II

Das Leben. *Erst zählt man die schlechten Momente. Dann zählt man die frohen Momente. Und wird froher.*

(Ludwig Hohl)

DAS GLÜCK DER GROßEN RUHE

Etwa 600 v. Chr. hat die griechische Kultur die Philosophie entwickelt. Die Mythen wurden verabschiedet, um an ihrer Stelle natürliche Erklärungen der Welt zu finden. Nur gut 100 Jahre später hatten die so genannten Klassiker *Sokrates*, *Platon* und *Aristoteles* bereits Argumentations-Formen entwickelt, die bis heute Vorbildcharakter haben. Und sie nutzten diese neuen Techniken ausgiebig dazu, über die Natur des Menschen, über die richtige Art zu leben und über das Wesen des Glücks nachzudenken. Daran anschließend entstanden dann die Schulen des HELLENISMUS, die also schon vor 2300 Jahren die vordringliche Aufgabe der Philosophie darin sahen, den Weg zum Glücklichsein zu erforschen. Einig in der wohl bekanntesten Formel der Antike, nämlich der Forderung nach *einem gesunden Geist in einem gesunden Körper,* ergaben sich vor allem drei doch recht unterschiedliche Ansätze: der von *Epikur,* der der *Stoiker* und der der *Skeptiker.*

Die Lust des Zuträglichen

Epikur wurde zu Beginn schon kurz erwähnt, weil er eine recht anspruchsvolle Vorstellung vom Glücklichsein hatte. Für ihn ist der Glückliche *frei* von Wünschen. Den Dreh- und Angelpunkt von Epikurs Denken bildet der Begriff der *Lust.* Epikur behauptet, *dass die Lust der Anfang und das Ende des glückseligen Lebens sei.* Der Grund:

„Sie ist, wie wir erkannten, unser erstes, angeborenes Gut, sie ist der Ausgangspunkt für alles Wählen und Meiden."

Der Lustgewinn ist also unser Motiv bei allem, was wir haben oder tun bzw. vermeiden wollen. Haben wir das einmal klar erkannt, dann gilt es nur noch, Lustgewinn nicht falsch zu verstehen, also die richtigen Kriterien bei unseren Entscheidungen anzulegen. Und dann ist das Glück nur eine Frage der Zeit. Sagt Epikur. Und welche sind die richtigen Kriterien? Antwort:

„Eine vom Irrtum sich freihaltende Betrachtung dieser Dinge weiß jedes Wählen und jedes Meiden in die richtige Beziehung zu setzen zu unserer körperlichen Gesundheit und zur ungestörten Seelenruhe; denn das ist das Ziel des glückseligen Lebens."

Die Lust, von der Epikur spricht, ist also keineswegs gleichbedeutend mit hemmungslosen sinnlichen Genüssen. Ihm das zu unterstellen, ist eine böswillige Verzerrung seiner Lehre, welche schon zu seinen Lebzeiten einsetzte und sich noch heute in dem vorwurfsvollen Ausdruck „epikureisch" findet. Epikurs *Lust* ist nämlich tatsächlich ein maßvoll und umsichtig hervorgerufener Zustand, der für eine optimale körperlich-seelische Verfassung steht. Das Zauberwort ist hier *Zuträglichkeit:* die wahre Lust ist bekömmlich. Jeder Genuss muss wohldosiert sein, das ist im Ganzen lustvoller als unkontrollierte Ausschweifungen. Denn Ausschweifungen verursachen körperliche und seelische Unruhen, vielleicht sogar Schmerzen, und sind deshalb dem Glück abträglich. Denn Glücklichsein ist vollkommene seelische Ruhe.
Das klingt alles ganz vernünftig und erstaunlich modern. Epikur versucht einen geradezu naturwissenschaftlichen Weg zum Glück. Aber der Weg führt leider nicht bis zum Ziel. Epikur hat sicher Recht, wenn er einen engen Zusammenhang zwischen einer zuträglichen Lebensweise und dem Glücklichsein sieht. Doch dies gehört an sich in

den Bereich der *günstigen Voraussetzungen*. Eine gute körperliche und seelische Verfassung erhöht natürlich die Wahrscheinlichkeit, Glück zu erleben, beträchtlich. Aber die Hauptsache fehlt dann noch: es muss ja außerdem jenes vertiefte Verständnis hinzukommen, das in der Empfindung resultiert, ein Teil von etwas Wunderbarem zu sein. Die Seelenruhe allein, so angenehm sie ist, gewährleistet diese Empfindung keineswegs. (Zumal sie sich ja sogar bei schlechter körperlicher und seelischer Verfassung manchmal einstellt.)

Das Schicksal lieben

Die Stoiker halten anders als Epikur nicht den Körper für den Schlüssel zum Glück, sondern unsere *grundsätzliche Haltung* in allen Lebenslagen. Sie denken sich das grob etwa so: Der Lauf der Dinge lässt sich nicht beeinflussen. Ihn muss ich hinnehmen. Das Einzige, das ich in der Hand habe, ist meine *Einstellung* dazu. Ich kann *hadern* mit dem Lauf der Dinge oder einverstanden mit ihm sein. Hadern ist dumm und falsch. Es ist unsinnig, aufzubegehren gegen etwas, das sich nicht ändern lässt, und es macht unglücklich. Ich sollte stattdessen das Schicksal *bejahen,* ganz gleich, was es bringt, um dadurch eine tiefe Ruhe und Ausgeglichenheit zu erlangen. Denn auf diese Weise tue ich, was ich tun kann, und bekümmere mich nicht um das, was mich eigentlich nichts angeht, weil ich es ohnehin nicht ändern kann.

Nietzsche hat für diesen Standpunkt die Formel des AMOR FATI – *das Schicksal lieben* – geprägt und gewaltig dafür geworben. Aber für vieles andere auch. Nietzsche hat ja alles Mögliche behauptet, ohne irgendeine dieser Positionen wirklich ernst zu meinen, wie ich glaube. Doch das ist ein Thema für sich. Die Stoiker jedenfalls haben selber auch ein einprägsames Bild für ihre Philosophie gefunden: Unser

Leben, sagen sie, gleicht einem Hund, der an einen fahrenden Wagen angebunden ist. Der Hund muss mit, ob er will oder nicht. Aber er kann immerhin entscheiden, ob er sich widerwillig hinterher schleifen lässt oder ob er gerne mitläuft. Wenn er gerne mitläuft, dann ist er mit der Welt im Reinen und wird sich niemals unglücklich fühlen. Diese Ausgeglichenheit und Ruhe nun, so die Stoiker, seien alles, was wir uns wünschen können, seien also gleichbedeutend mit dem Glück.

Stimmt das aber? Wohl kaum. Obwohl die Auffassung der Stoiker das Bewusstsein dafür schärfen will, dass der Mensch eingebunden in etwas Größeres ist, so wünschen wir uns doch weit mehr als bloße Ruhe. Denn der große, naturnotwendige Zusammenhang der Stoiker ist kalt, gleichgültig, beinahe grausam und sicher nicht wunderbar. Ohne die Empfindung des Wunderbaren aber gibt es kein echtes Glück.

Frei vom Eifer des Urteilens

Die Skeptiker schließlich glauben in der Vernunft des Menschen die entscheidende Größe für Glück und Unglück gefunden zu haben; sie setzen bei unserem ausgeprägten geistigen Ehrgeiz an. Die Skepsis startete ursprünglich als kritisches Projekt: die Skeptiker wollten aus der Vielzahl der Meinungen und Ansichten zum Glück all diejenigen herauspicken und versammeln, die unzweifelhaft gültig sind, um auf diesem Grundstock dann eine verlässliche Glückstheorie aufzubauen. Zu ihrer eigenen Überraschung fanden sie aber heraus, dass sich ein solcher Grundstock gar nicht bilden lässt. Sie mussten nämlich erkennen, dass es gar nicht im Wesen des Denkens liegt, vollkommen sichere, zweifellos gültige Urteile gewährleisten zu können. Die Stoiker entdeckten 5 grundsätzliche Argumente dafür, dass Behauptungen sich niemals letztgültig begründen lassen. Für sich allein schon hinreichend ist z.B. dieses Argument:

Ein gültiges Urteil muss *begründet* sein. Jede Begründung nun ruht auf Voraussetzungen, die ebenfalls gut begründet sein müssen. Und auch diese Gründe für die Annahme dieser Voraussetzungen ruhen auf weiteren Voraussetzungen, die dann wieder begründet sein wollen, was weitere Voraussetzungen ins Spiel bringt und damit weitere Begründungen … und immer so fort. Die Kette der Begründungen geht ins Unendliche, ist also nicht abschließbar und kann deshalb auch nicht zu einem ganz sicher gültigen Urteil führen.

Argumente wie dieses zeigen, dass jedes Urteil, das ich fälle, auch falsch sein könnte. Also sollte ich grundsätzlich nur sehr vorsichtig urteilen, ja genau genommen sollte ich am Besten wohl gar keine Urteile mehr fällen. Sagen die Skeptiker. Als sie sich nun daran machten, diese Erkenntnis umzusetzen und möglichst ohne Meinungen und Urteile durchs Leben zu gehen, stellten sie fest, dass sie auf diese Weise plötzlich sogar ihr ursprüngliches Ziel erreicht hatten. Sie hatten zwar keine gültige Glückstheorie formuliert, aber sie hatten auch gar keine mehr nötig. Denn dadurch, dass sie sich nicht mehr *eifrig* und *ehrgeizig* um absolut richtige Urteile bemühten, zog eine tiefe Ruhe ein in ihren Geist und in ihre Seelen und sie waren glücklich.

Auch dieses Glück ist aber bloß eine Form von Zufriedenheit, die daraus entspringt, dass ich mir die Unzufriedenheit, die ein ernster Meinungsstreit mit sich bringt, fernhalte. Ein vertieftes Verständnis der Welt, das allein erst wirklich glücklich machen kann, wird sich dadurch aber nicht einstellen. Die Empfindung, dass das Leben wunderbar ist, ist ja am Ende auch eine Bewertung und versetzt uns dann auch in die Lage, Meinungen entspannt auszutauschen statt hitzig miteinander zu streiten.

Kein Unglück ist noch kein Glück

Eine vollkommene körperlich-seelische Ruhe ist natürlich ein verlockendes Ziel; sie verhindert Ängste, Ärger, Schmerzen, Stress und dergleichen und macht immun gegen künftiges Unglück. Wer wäre nicht gerne in dieser Lage. Trotzdem bedeutet das allein aber noch kein Glücklichsein, darin irren die Epikureer, die Stoiker und die Skeptiker gleichermaßen. *Unglücklich* bin ich, wenn mir etwas *fehlt*, von dem ich glaube, dass es für ein gutes Leben *unverzichtbar* ist. Das kann ein Partner sein, der meine Einsamkeit vertreibt, oder ein Beruf, der meinen Neigungen entspricht, oder mehr Zeit für mich, oder eine Perspektive, oder einfach ein anderer Lebensstandard, und so weiter. Irgendetwas fehlt mir dann so sehr, dass ich durch nichts anderes mehr zufrieden zu stellen bin; ich bin derart *heil-los* gestimmt, dass mir die angenehme Befriedigung durch die Erfüllung kleiner Wünsche nichts mehr gibt oder bedeutet.

Nun sind Empfindungen tatsächlich so beschaffen, dass man sich von ihnen *ablenken*, sie *betäuben* und sie sogar *vergessen* kann. Darauf zielen die Ansätze der antiken Glücksphilosophen ab, wenn sie empfehlen, den Mangel nicht aktiv zu beseitigen, sondern sich in eine bedürfnislose, vollkommene Ruhe zu versetzen. Diese Ruhe ist zwar ein guter Anfang, aber mehr auch nicht. Sie sollte dazu benutzt werden, jene *Bescheidenheit* auszubilden, die wieder Interessen und Ziele kennt, ohne das Seelenheil von ihnen abhängig zu machen. Der bescheiden agierende Mensch kann gelassen abwarten, was so passiert und was sich so ergibt, er freut sich über das Spiel als solches, nicht nur über einen bestimmten Ausgang. Der Weg ist das Ziel, das gilt nirgends mehr als beim Thema Glücklichsein.

Die Abwesenheit von Unglück ist also bloß eine gute Ausgangslage dafür, glücklich zu werden, und keineswegs das Glück selber; denn keinen wichtigen Mangel zu empfinden ist natürlich noch lange nicht dasselbe, wie sich als Teil von etwas Wunderbarem zu empfinden. Die Ruhe allein reicht nicht, eine ausgeglichene Seele und ein gesunder Körper wollen sich engagieren, wollen sich spüren – sie wollen *teil-nehmen*. Die Gefahr besteht darin, dabei verbissen zu werden, aber diese Gefahr durch größtmögliche Enthaltung im Keim zu ersticken, heißt, das Kind mit dem Bade auszuschütten.

Das ist auch die Überzeugung, von der viele der neueren Versuche, einen Weg zum Glück zu beschreiben, ausgehen. Moderne Philosophen, Psychologen und Schriftsteller vertreten überwiegend die Auffassung, dass es wichtig sei, sich nicht zuviel mit sich selbst zu befassen, sondern INTER-ESSE zu entwickeln, also sich der Welt zuzuwenden und sich in etwas einzubringen.

EGOZENTRIK MACHT NICHT GLÜCKLICH

Der selbst geschaffene Kerker

Ein moderner Klassiker unter den philosophischen Glückstheorien ist Bertrand Russels „Die Eroberung des Glücks". Wie der Titel schon andeutet, hält Russel das Glück für jederzeit erreichbar, wenn nicht gerade extrem widrige Umstände vorliegen. Und ein außergewöhnlicher Mensch könnte selbst dann noch sein Glück machen, ist Russel überzeugt. Ein Mensch jedenfalls, der unter ganz gewöhnlichen Umständen lebt und dabei unglücklich ist, leidet seiner Ansicht nach unter einer seelischen Störung. Zum Glück kann er sie normalerweise aber ganz leicht selbst beheben. Die Störung besteht nämlich darin, sich zuviel mit sich selber zu beschäftigen. Diese Menschen machen den Fehler, zu sehr ihren *egozentrischen* Neigungen nachzugeben und sich dadurch in sich selber zu verschließen. Sie halten sich selbst in einem Kerker gefangen, so Russel, und Kerker seien nun einmal das, was die menschliche Natur einfach nicht verträgt. Aber der Ausweg aus dieser Lage ist ganz unkompliziert:

„Sofern es sich nicht um ausgesprochen unglückliche äußere Verhältnisse handelt, müsste jeder Mensch, der seine Neigungen und Interessen nach außen statt nach innen lenkt, sich ein Glück aufbauen können."

Russel räumt durchaus ein, dass es manchmal nicht ganz leicht ist, sich aus seiner *Selbstverkapselung* zu lösen. Er spielt einige solcher Problemfälle durch, um aufzuzeigen, wie die

Betroffenen sie bewältigen könnten. Im Grunde geht es dabei immer um dieselbe Methode, nämlich um eine Art Bewusstseins-Training, welches die Vorstellung von der eigenen Bedeutung relativieren soll. Die Formel könnte man etwa so fassen:

Mache dir intensiv und ausdauernd klar, dass du nicht so wichtig bist. Du bist nicht immer schuld und du bist auch niemand Besonderes. Und darauf kommt es auch gar nicht an!

Diese geistige Übung löst – regelmäßig und konsequent durchgeführt – die egozentrische Verwirrung auf, so Russell, und das hat zur Folge, dass sich stattdessen objektive Interessen entwickeln. Die Personen kreisen dann nicht mehr um mich selbst, sondern sie bringen sich ein, wenden sich Anderem und Anderen zu und pflegen ein vielseitiges Leben mit *sachlichen*, selbstlosen Beziehungen.

Vereinigt mit dem Strom des Lebens

Allerdings müssen wir darauf achten, die sachliche Haltung nicht zu weit zu treiben. Russel betont nachdrücklich, ja geradezu leidenschaftlich, dass Selbstlosigkeit nicht in *Selbstverleugnung* ausarten darf. Objektive Interessen bleiben ja *Interessen*, d.h. ich wende mich zwar der Welt zu, aber in bewusst subjektiver Weise. Wer sein Selbst hingegen ganz aufgeben will – wie es viele Moralapostel (die Russell gar nicht mag) z.B. fordern –, der erreicht tatsächlich wieder das Gegenteil. Denn da völlige Selbstverleugnung etwas Unnatürliches ist, kommt mir dabei dann sogar desto stärker zu Bewusstsein, was ich hier aufzugeben versuche, und so ende ich auf diese verzwickte Weise dann doch wieder als Egozentriker.

Das ganze Geheimnis besteht aber gerade darin, so Russell, *den Gegensatz zwischen dem Ich und der Welt zum Verschwinden zu bringen.* Welche sachlichen Interessen dies dann leisten, das hängt von den individuellen Anlagen des Einzelnen ab. Russel erwähnt als Beispiel das *leidenschaftliche Markensammeln.* Sich dieses Hobby zuzulegen, kann glücklich machen, aber nicht jeden. Nicht jeder von uns vermag ein echtes Interesse für das Markensammeln zu entwickeln. Nur echtes Interesse kann aber funktionieren. Allerdings gibt es für jeden von uns irgendetwas in dieser Art, und wir müssen es nur in der richtigen Weise, also selbstlos ohne Selbstverleugnung, pflegen. Dann folgt das Glück auf dem Fuße. Russel wörtlich:

„Durch solche Interessen gelangen wir dahin, uns als einen Teil des großen Lebensstromes zu empfinden, statt als eine harte, für sich bestehende Einheit wie ein Billardball, der mit anderen solchen Einheiten keine Beziehung außer der des Zusammenpralls haben kann. Alles Unglück beruht auf irgendeinem Zerfall des Ichs oder auf Mangel an Ganzheit; (…) ein Mangel an Ganzheit [kommt zustande], wenn Ich und Welt nicht durch die Kraft objektiver Interessen und Zuneigungen zusammengeschweißt werden. (…) In solch inniger, naturbestimmter Vereinigung mit dem Strom des Lebens vollzieht sich die tiefste Beglückung, die wir finden können."

Eine äußerst gelungene Beschreibung des Glücklichseins, wie ich finde. Russell spricht sehr anschaulich von der Notwendigkeit, eingebunden zu sein, damit etwas größeres Ganzes entsteht, und mit den Ausdrücken *innig* und *naturbestimmt* zielt er, denke ich, auf das, was ich das *Wunderbare* nenne. Aber ganz so geradlinig, unmittelbar und folgsam, wie Russel sich das denkt, stellt das Glück sich dann leider doch nicht ein. Russell nennt sein Konzept selber ein „höchst einfaches Rezept", aber Rezepte fürs Glücklichsein kann es nun einmal nicht geben, wie wir gesehen haben. Eine gute Anleitung für den Weg zum Glück muss flexibler und dynamischer gestaltet sein. Eine der renommiertesten Theorien der Gegenwart, das FLOW-Konzept des Psychologen M. Csikszentmihalyi, verfolgt denn auch strikt diesen Ansatz.

Ein Hobby ist nicht genug

Wohldosierte Herausforderungen suchen

Der Begriff FLOW von Csikszentmihalyi ist ein technischer Begriff für das, was seiner Auffassung nach den wesentlichen Gehalt des Glücksempfindens ausmacht. Wörtlich bedeutet „Flow" ja *Fluss* bzw. *Fließen*, und gemeint ist kurz gesagt jene wohltuende Verquickung von Gefordertsein, Hingabe und Gelassenheit, die sich einstellt, wenn mir auch etwas Schwieriges *flüssig von der Hand geht*. Csikszentmihalyi argumentiert genau wie Russell, dass solche Glückszustände weder mit egozentrischen Haltungen noch mit der Vernachlässigung des Selbst verträglich sind. Und den Schlüssel zum Glück findet er ebenfalls im Moment der *Beschäftigung*, vor allem wenn sie zu mir passt. In Frage kommt aber prinzipiell alles: ich kann an Beziehungen arbeiten, mich beruflich einbringen, mich in einem Hobby engagieren und vieles mehr. Anders als Russel meint Csikszentmihalyi allerdings nicht, dass am Ende ein *höchst einfaches Rezept* genügt. Csikszentmihalyi entwirft ein komplexeres, *dynamisches* Modell vom Weg zum Glück. Im Wesentlichen stellt er sich das etwa so vor: Die beiden großen Hindernisse auf dem Weg zum Glück sind einerseits die *Langeweile* und andererseits die *Angst*. Langeweile entsteht durch Unterforderung, Angst durch Überforderung. Die Beschäftigung, die ich wähle, muss deshalb zwar eine *Herausforderung* darstellen, aber eine *wohldosierte;* ihre Ansprüche müssen zu meinen derzeitigen Fähigkeiten passen. Nur dann kann ich nämlich dahin gelangen, mich so sehr auf mein Tun zu konzentrieren, dass ich schließlich völlig *vertieft* und *selbstvergessen* beschäftigt bin. Deshalb sind auch *Ziele* wichtig. Ziele fördern die Konzentration nicht nur, sie erleichtern sie auch dadurch, dass ich dann während der Beschäftigung auf *Feedback*-Signale achten und meine Fortschritte überprüfen kann.

Die Anforderungen anpassen

In dieser höchst aufmerksamen Weise beschäftigt zu sein nun ist *beglückend*. Dieses Glück kann aber nicht dauern. Denn Anstrengungen bringen Ergebnisse hervor und verändern dadurch sowohl die Umstände als auch mich selbst. Wenn ich Ziele verwirkliche, bereichere ich dadurch mein Selbst. Ein Selbst ist nämlich im Grunde genommen die Summe und Organisation von Zielen, also eine bestimmte Ordnung in Hinsicht auf bestimmte Interessen. Je beglückender und selbstvergessener eine Tätigkeit ist, desto stärker kann sie diese Struktur beeinflussen, also mein Selbst formen und es komplexer gestalten. Eine reife Persönlichkeit zeichnet sich dadurch aus, dass sie weder egozentrisch noch das Gegenteil ist, sondern im besten Sinne sowohl *eigen-artig* als auch *integriert:* sie hat ein differenziertes Profil und harmoniert mit ihrer Umwelt. Beide Eigenschaften werden demnach durch beglückende Erfahrungen verstärkt.

Das bedeutet aber gleichzeitig, dass die Anforderungen mit jedem neuen Ziel schrittweise steigen müssen, damit ich weiterhin Flow erleben kann. Denn sonst droht ja wieder die Langeweile und damit die Gefahr, dass ich mich zu sehr mit mir selbst befasse, statt aufmerksam einer geeigneten Beschäftigung nachzugehen. Beglückende Erfahrungen sind also – wie bei Russel – unter normalen Umständen jederzeit machbar, allerdings muss ich mich – anders als bei Russel – immer wieder neu orientieren. Aber auch das habe ich ja in der Hand. Wenn ich also will, steht einem

Leben voller beglückender Erfahrungen prinzipiell nichts im Wege.

Tiefer Sinn und höchstes Glück

Doch so erstrebenswert das auch ist, etwas Entscheidendes fehlt noch, so Csikszentmihalyi: die Erfahrung des *höchsten Glücks* nämlich, die ich erst dann mache, wenn mein Leben einen *Sinn* für mich ergibt. Sinnhaftigkeit erfahre ich seiner Vorstellung nach dann, wenn ich beglückende Momente nicht einfach nur sammle, so dass sie unverbunden nebeneinander stehen, sondern wenn ich sie so organisiere, dass sie miteinander verbunden sind und harmonieren. Dies nun erreiche ich dadurch, dass ich die verschiedenen Tätigkeiten, die mich beglücken, auf ein übergreifendes Ziel beziehe. Und wenn dieses Ziel zudem mein humanistisches oder religiöses *Ideal* repräsentiert, dann empfinde ich tiefen Sinn und höchstes Glück. Um ein Beispiel im Geiste Csikszentmihalyis zu nennen:

Nehmen wir an, ich erleide als Kind schweres Unrecht. Ich werde aber nicht verbittert oder zynisch, sondern mache Gerechtigkeit zu meinem *Lebensthema*. Ich halte sie für das Wichtigste auf der Welt und stelle mein Dasein in den Dienst dieses Ideals. Deshalb werde ich Rechtsanwalt und verteidige Unschuldige. Ich verdiene dabei gut und gebe viel Geld für Bedürftige ab. Ich engagiere mich außerdem politisch und setze mich für Chancengleichheit ein. Ich organisiere daneben Wohltätigkeitsbasare oder lege sogar selbst Hand an beim Bau gemeinnütziger Einrichtungen. Oder ähnliche Dinge mehr.

Jede dieser Tätigkeiten genieße ich an sich: selbstvergessen und vertieft arbeite ich an einem Fall, für meine Stiftung, an einer Rede, an logistischen Schwierigkeiten oder mit Hammer und Zange. Diese Dinge in dieser Weise zu tun beglückt mich, weil sie mir liegen und sich zugleich nicht nur um meine Person drehen. Und da sie darüber hinaus harmonisch, dynamisch und stetig meinem Ziel aller Ziele – mehr Gerechtigkeit in der Welt – entgegenstreben, verwirkliche ich ein authentisches Projekt und führe ein sinnerfülltes und höchst glückliches Leben.

Ein Hobby kann (nur) ein Anfang sein

Soweit Csikszentmihalyi. Gemessen an seinem Modell wird noch einmal deutlich, wo die Schwächen von Russels Rezept liegen. Sich nicht um sich selbst zu drehen, sondern sachliche Interessen zu pflegen, ist vom Ansatz her sicher richtig. Die Forderung, diese Form von Selbstlosigkeit nicht bis zur Selbstverleugnung und Profillosigkeit zu treiben, sicher auch. Beides zusammen kultiviert Haltungen, die dem Glück zuarbeiten: der authentisch und sachlich Interessierte ist weder berechnend noch borniert, nicht übermäßig eitel oder ehrgeizig, auch nicht in destruktiver Weise zudringlich oder leidenschaftlich. So gestimmt kann er seiner Tätigkeit oder seinem Hobby auch durchaus vertieft nachgehen und dabei ganz und gar die Zeit vergessen. Aber das wird nur selten und nicht für lange passieren, wenn er nicht darauf achtet, seine Interessen zu *vertiefen* und seine Beschäftigung seinen wachsenden Fähigkeiten anzupassen.

Der Briefmarkensammler, der immer nur nichts weiter tut, als Marken zu suchen und zu sortieren, mag dabei entspannen, sich ablenken, Zeit totschlagen oder leidlich zufrieden sein. Aber wirklich beglückende Erfahrungen wird er bald wohl kaum noch machen, denn dafür ist das Sammeln allein bald zu simpel. Ein Hobby kann ein Anfang sein, aber mehr auch nicht, wenn die Herausforderungen nicht stetig steigen. Und ganz sicher gibt es von einem bloßen Hobby aus keinen unmittelbaren Zugang zu jener *innigen Vereinigung mit dem Strom des Lebens*, die Russel selber ja anstrebte. Wo dieser Übergang in diesen Zustand des echten Glücklichseins einmal gelingt, dort stellt sich sehr viel mehr ein als die gewöhnliche Zufriedenheit, die ein Hobby an sich spenden kann. Es tritt dann ein Bewusstsein hinzu, wie ich es im Spaziergang-Beispiel oben schon beschrieben habe: Ich begreife meine Beschäftigung plötzlich als beziehungsreich, eingebettet in einen größeren Zusammenhang, und ich sehe und verstehe mich selbst intuitiv als Teil dieses größeren Ganzen, nicht wichtig und nicht unwichtig, und alles zusammen scheint gut und schön und richtig. *Das* erst ist von jener anspruchsvollen Qualität, die auch Russel mit dem Glück verbindet und die (beinahe wörtlich) himmelweit verschieden ist von der bloßen Zufriedenheit bloßer Liebhaberei.

Diese Verschiedenheit wird deutlich, wenn wir wieder das typische Alltagsverhalten betrachten. Der wahrhaft glückliche Mensch ist nicht nur konzentriert, entspannt und ohne Zeitgefühl, sondern er *verinnerlicht* dieses Verhalten zur Grundhaltung und reagiert auch dann noch gelassen, humorvoll und ohne Enttäuschung, wenn er auf Schwierigkeiten, Zwischenfälle oder Unfreundlichkeiten stößt. Der bloße Briefmarkensammler ist ausgeglichen und zufrieden, solange er mit seinen Alben beschäftigt ist oder einer Neuerwerbung auf der Spur. Wenn ich ihm dann aber versehentlich eine Beule in seinen Wagen fahre, dann ist möglicherweise der Teufel los: von Zufriedenheit keine Spur mehr, reagiert er oft aufgebracht und aggressiv. Seine Ausgeglichenheit ist nicht stabil, sondern oberflächlich und deshalb von den Umständen abhängig. Er ist nicht in der grundlegenden Weise mit dem Leben einverstanden, die den Glücklichen auszeichnet.

Der Glückliche bleibt aber nicht deshalb freundlich und gelassen, weil er glaubt, dass am Ende alles seinen Sinn hat.

Sicher darf der Glückliche auch einen Sinn in allem sehen, aber sein Glück hängt davon nicht ab. Hier nun stoßen wir bei aller Plausibilität an die Schwachstelle von Csikszentmihalyis Theorie.

Sinn lässt sich nicht planen

Csikszentmihalyi will praxistauglich erklären und damit vollständig rationalisieren, wie sich Glücklichsein erlangen lässt. Tatsächlich ist das aber nicht möglich, weil das Empfinden von Glück zwar rationale Aspekte hat, im Wesentlichen jedoch intuitiv entsteht. Intuitionen kann ich fördern, aber nicht erzwingen. Der Übergang ins Glück ist – rational betrachtet – ein plötzlicher *Sprung,* kein vorhersehbarer Schritt. Das Flow-Modell dagegen zielt gerade darauf ab, diesen Sprung ins Glück in Schritte zu zerlegen. Deshalb stellt sich Csikszentmihalyi das Herstellen von Sinnhaftigkeit wie eine technische Konstruktion vor. Die einzelnen Bauteile sind zweckvolle Tätigkeiten, die verbunden werden durch den gemeinsamen Bezug auf ein übergeordnetes Ziel. Der *Sinn des Ganzen* ist dann offensichtlich dasselbe wie ein *höherer Zweck,* der sich planbar angehen lässt und planbar zum Glück führt.

Ganz so einfach ist es aber leider nicht. Alltagssprachig verwenden wir zwar *Sinn* und *Zweck* oft gleich, aber philosophisch betrachtet gibt es wichtige Unterschiede.

Wenn ich einen SINN benenne, dann beziehe ich mich auf ein übergeordnetes Ganzes, das ich nicht nur nicht rechtfertigen *muss*, sondern gar nicht rechtfertigen *kann* oder *darf.* Die Vorstellung dieses großen Ganzen ist meine intuitive Antwort auf die umfassendste aller Fragen und deshalb die letztmögliche Auskunft. Es kann sich keine weitere Frage daran anschließen! Wenn einer sagt: „Der Sinn des Lebens besteht darin, Gottes Willen zu verwirklichen.", dann können wir nicht fragen: „Und wofür ist das wieder gut?". Wer so fragt, verkennt die Logik des Sinnbegriffs. Vom SINN zu sprechen heißt nicht, eine *Erklärung* zu liefern, sondern ein nicht-rationales Verständnis auszudrücken, das genau wie ein Kunstwerk kritischen Einwänden keinen Halt liefert. Sinnfindung ist keine wissenschaftliche Theorie, sie lässt sich nicht begründen, beweisen oder zerlegen, sondern nur beschreiben, behaupten oder bewerben. Darum können wir sie zwar intuitiv bezweifeln, aber nicht vernünftig diskutieren, und umgekehrt kann eine Sinndeutung uns zwar inspirieren, aber nicht argumentativ überzeugen.

Der *Zweck* dagegen gehört in den Bereich der Erklärungen. Einen Zweck angeben heißt im Grunde, eine Absicht oder ein Ziel nennen. Wenn ein erwachsener Mann sich eine kleine Wasserpistole kauft, dann ist eine nahe liegende Frage an ihn: „Was bezweckst du damit?" Antwort: „Ich will meine Katze erziehen." In anderen Fällen, wo es um den Zweck eines Hebels z.B. geht, wird eigentlich nach der Absicht gefragt, die der Ingenieur damit verfolgt. Für Erklärungen nun ist es typisch, dass sie prinzipiell kein Ende nehmen (müssten), wenn nicht festgelegt ist, wann eine Erklärung als ausreichend gilt. Und genau so verhält es sich ja auch mit Zielen oder Absichten. Sie treten nicht plötzlich und ohne Bezug zu weiteren Zielen auf. Anders als bei Sinndeutungen ist es prinzipiell und praktisch möglich, immer wieder die Frage „Und warum dies?" zu stellen. Zwecke lassen sich beliebig kleinschrittig rationalisieren und deshalb systematisch planen und verfolgen.

Und das ist genau das, was Csikszentmihalyi am Ende vorschlägt: eine systematische Kombination zweckvoller Tätigkeiten zu einem übergeordneten Projekt. Das ist aber nun eben nicht dasselbe wie einen Sinn zu empfinden. Es ist sogar wesentlich, also *kategorisch* anders. Und was hier entscheidend ist: es führt deshalb auch nicht unweigerlich zum Glück. Das Glück lässt sich fördern, aber nicht planen. Planbar ist bestenfalls die Zufriedenheit. Sich erfolgreich in einem *Projekt* zu engagieren ist zweifellos viel, es führt zu einer *Zufriedenheit auf hohem Niveau,* die mir sehr viel mehr gibt als die bloße Erfüllung eines einfachen Wunsches. Aber das ist noch kein echtes Glück, und wir reden hier ja über das Glück.

Machen wir erneut die Gegenprobe. Denken wir an den Mann, der sein Leben dem Projekt widmet, dem Ideal der Gerechtigkeit zu dienen. So befriedigend das auch sein mag: ich kann ihn mir gleichwohl vorstellen als jemanden, der humorlos oder enttäuschbar ist oder der sich bei aller Geschäftigkeit häufig nach dem Sinn des Ganzen fragt. Also als jemanden, der nicht wirklich glücklich ist. Er ist zwar eingebunden in größere Zusammenhänge und sein Tun ist wichtig und befriedigend. Aber das bedeutet noch nicht, dass er sich als Teil von etwas Wunderbarem empfindet. Vielleicht ist sogar das Gegenteil der Fall: vielleicht ist er dadurch motiviert, dass er die Welt als zutiefst ungerecht empfindet. Nur das Wunderbare aber kann, sofern ich daran teilhabe, erlösend auf die Sinnfrage reagieren und dadurch Gelassenheit, Humor und Nicht-Enttäuschbarkeit *garantieren.*

Fassen wir kurz zusammen: der Zusammenhang zwischen dem sinnvollen und dem glücklichen Leben ist folgender: wenn ich das Leben als sinnvoll empfinde, dann bin ich auch glücklich. Ich kann aber auch glücklich sein, ohne einen Sinn des Lebens zu sehen. Die Sinnfrage muss nicht beantwortet sein, sie kann auch angesichts des Wunderbaren einfach belanglos werden. So oder so aber müssen wir in den SINN und ins Glück intuitiv springen; kein Rezept, ob einfach oder kompliziert, kann diesen Übergang gewährleisten. Ausschlaggebend ist nämlich immer das Entstehen eines *tieferen Verständnisses,* und nur darüber führt das Glück die tief verankerte Grundhaltung der Gegenwärtigkeit, Wunschlosigkeit, Gelassenheit, des Humors und der Nicht-Enttäuschbarkeit mit sich. Auch bloß zufriedene oder sogar gleichgültige Menschen können z.b. wunschlos oder gelassen sein, aber nicht zuverlässig und auch nur dann, wenn ihnen nichts in die Quere kommt.

Das Sprungbrett des vertieften (intuitiven) Verstehens ist eine unumgängliche Station auf dem Weg zum Glücklichsein, und alle Theorien, die das nicht gebührend beachten, müssen scheitern, wie ursprünglich oder hoch entwickelt sie auch sein mögen.

DER KÖRPERWEG ZUM GLÜCK

Was Epikur schon vor über 2000 Jahren unternahm, nämlich in unserer Körperlichkeit den Schlüssel zum Glück zu suchen, ist aktueller denn je. Ein früher Vertreter dieser modernen Bewegung ist der Franzose Emile A. Chartier, und er ist einer der interessantesten dazu. In der ersten Hälfte des 20. Jahrhunderts veröffentlichte er unter dem Pseudonym „Alain" Hunderte von kurzen Betrachtungen, die sich um das Bewältigen von Unglück und das Herstellen von Glück drehen. Alain arbeitete keine systematische Theorie aus, kam aber im Wesentlichen immer wieder auf zwei Methoden zurück: auf die Körperkontrolle und auf spielerische oder sportliche Anstrengungen.

Von der Körperhaltung zum Gehalt

Grundsätzlich geht Alain davon aus, dass körperliche Zustände einerseits und seelische Zustände andererseits auf das Engste miteinander verknüpft sind. Er ist der Überzeugung, dass bestimmte Körperhaltungen oder Bewegungen *direkt* mit bestimmten inneren Regungen oder Zuständen korrespondieren. Und deshalb, so Alain, sei es ziemlich leicht, Verstimmungen und Verdruss beizukommen. Schlechte Laune lasse sich zwar nicht durch *Gründe* beeindrucken, aber dafür schon durch einfache *Gymnastik* besiegen, wie er solche Übungen nennt. Alain:

„Schlechte Laune (…) verfolgt und quält uns nur deswegen, weil wir in ihr eine Körperhaltung einnehmen, die das, was uns traurig stimmt, nicht nur bestätigt, sondern sogar noch unterstützt. (…)

Dagegen anzugehen, ist keineswegs Sache der Vernunft; die Vernunft ist hier machtlos; man muss vielmehr seine Haltung und seine Bewegungen ändern; denn unsere Muskeln sind der einzige Teil des Körpers, den wir in der Gewalt haben."

Jedes Unglücklichsein, davon ist Alain überzeugt, lässt sich in kurzer Zeit dadurch vertreiben, dass man vorsätzlich die Mimik und die Gestik des Freundlichen und Gutgelaunten annimmt. Die dazu nötigen Bewegungen – sich verbeugen und lächeln z.B. – verhindern nämlich diejenigen Bewegungen, die untrennbar mit Wut oder Missmut verknüpft sind, und sie hebeln diese Zustände dadurch aus. Wer höflich bleibt und den Fröhlichen spielt, bewegt sich wie jemand, der fröhlich ist, und kann deshalb nicht mehr unglücklich sein, weil er ja nicht zugleich die Bewegungen eines Unglücklichen ausführen kann.

Diese Strategie soll nicht nur wirkungsvoll sein, sie ist vor allem, wie Alain ja betont, die einzige echte Alternative. Wir müssen bei der Kontrolle unserer Körperhaltung und Bewegung ansetzen, weil uns nur diese direkt zugänglich sind. Aber da unsere Gemütszustände an die Körperhaltung gekoppelt sind, lassen sie sich auf diese Weise auch - indirekt - beeinflussen. Mehr geht nicht; direkt können wir in unsere Stimmungslage nicht eingreifen. Weder Argumente noch Einsichten oder Vorsätze können schlechte Laune vertreiben oder Freude hervorbringen.

Spiel, Sport, Hingabe

Etwas *Spielen* kann aber noch sehr viel mehr heißen. Außer der Möglichkeit, eine Rolle oder Stimmung zu spielen, gibt es ja noch die ursprünglichere Bedeutung des Spielens, also die spielerische Betätigung. Diese hat gleich zwei Vorzüge: sie bannt die Gefahr der Langeweile, und sie kann gegebenenfalls sogar glücklich machen.

Alain sieht wie Csikszentmihalyi einen der größten Feinde des Glücks in der *Langeweile*. Zum einen ist Langeweile an sich ein äußerst unerfreulicher Zustand, zum anderen verführt Langeweile mich dazu, mich mit mir und meinem Missmut zu beschäftigen; was die Situation noch auswegloser macht. Sobald ich mich aber spielerisch betätige, hat die Langeweile keine Chance mehr. Dieser spielerischen Beschäftigung nun kann ich außerdem mehr oder weniger intensiv nachgehen, also wie beiläufig spielen oder aber *mit Hingabe* spielen. Wenn ich mit Hingabe spiele, dann habe ich gute Aussichten, glücklich zu werden. Ein Paradebeispiel hierfür sieht Alain im spielenden Kind:

„Umgekehrt ist es schön, das Schauspiel des Glücks mitanzusehn. Was gäbe es Schöneres als ein spielendes Kind? Allerdings ist es auch mit Leib und Seele bei seinem Spiel dabei;.."

Diese Verquickung von spielerisch und einsatzfreudig könnte man die *sportliche Einstellung* nennen. Das Glück, das ein sportlicher Einsatz beschert, beruht darauf, dass man sich anstrengt und sich deshalb nicht mehr mit sich selbst befassen kann. Alain schreibt:

„Dabei liebt der Mensch im Allgemeinen mehr die Anstrengung als das Vergnügen, wie schon die Spiele der Kinder zeigen. Denn ein Ballspiel, das sind doch Püffe, Fußtritte, blaue Flecken und am Ende sogar Verbände. Aber alles das wird eifrig gesucht; an alles das erinnert man sich gern; man braucht nur daran zu denken, schon setzen sich die Beine in Bewegung. Was daran gefällt und die Püffe, den Schmerz und die Müdigkeit vergessen lässt, ist die Selbstlosigkeit. (…) ; die Anstrengung und das Vergnügen gehen nämlich Hand in Hand."

Sport, Spiel und Hingabe sind dabei aber keine Betätigungen, die sich etwa nur auf die Freizeit beschränken, sondern sie stehen bei Alain exemplarisch für die Art und Weise, wie wir *immer* handeln sollten, um immer glücklich zu sein. Alain stellt beispielsweise fest, dass ein Polizeipräsident für seinen Geschmack der glücklichste Mensch sei, den man sich denken könne. Warum? Weil dieser ständig spontan auf unvorhergesehene Vorfälle reagieren muss. Alain erläutert:

„Er selber ist nichts als Wahrnehmung und Handeln. Wo aber diese beiden Schleusen – Wahrnehmung und Handeln – geöffnet sind, ergreift ein Lebensstrom das Herz, welcher es so leicht dahin trägt wie eine Feder. – Darauf beruht auch das Geheimnis des Spiels. Bridgespielen heißt, Wahrnehmung in Handeln übersetzen. Dasselbe gilt vom Fußball. Auf jede neue Lage prompt mit der entsprechenden Handlung antworten, füllt ein Leben bis zum Rand. Was unter diesen Umständen noch begehren oder fürchten?"

Natürlich geht es nicht darum, dass jeder versuchen sollte, Polizeipräsident zu werden, sondern darum, sowohl im Beruf wie in der Freizeit, an besonderen Tagen wie im Alltag diese Tugend der spielerischen, hingebungsvollen Anstrengung zu verwirklichen, um das bestmögliche Leben zu führen.

Intuitionen brauchen ihre Zeit

Soweit Alain. Seine Überlegungen sind lesenswert und interessant, seine Strategien und Methoden verlockend einfach. Leider zu einfach, wie sich aus dem Bisherigen ergibt. Betrachten wir zunächst seine Idee, über das Einnehmen bestimmter Körperhaltungen positive Gemütszustände hervorzurufen. Alain hat Recht, wenn er sagt, dass wir unsere Stimmungen nicht direkt dadurch beeinflussen können, dass wir unseren Verstand benutzen. Wenn ich gerade reizbar bin, und es kommt jemand, der mir überzeugend darlegt, dass ich allen Grund hätte, fröhlich zu sein, und wenn ich dann völlig vernünftig finde, was er sagt - dann bin ich trotzdem nicht automatisch fröhlich, sondern eher gereizt. Oder wenn jemand Angst vor einer Spinne hat, und man sagt ihm, dass es keinen guten Grund gibt, vor einer kleinen Spinne Angst zu haben – dann hat das auf seine Angst so gut wie keinen Einfluss. Gemütszustände entstehen intuitiv und lassen sich deshalb mit rationalen Mitteln nicht erreichen.

Alains Methode, die Körperhaltung des Fröhlichen zu mimen, um dadurch fröhlich zu werden, ist nun zwar ein Versuch, die Stimmungslage *indirekt* zu ändern, aber sie ist immer noch zu sehr ein *Rezept*, d.h. sie ist trotzdem noch viel zu direkt. Ich denke, die Alltagserfahrung spricht hier eine deutliche Sprache und die Gegenprobe ist schnell gemacht. Wenn ich großen Kummer habe, dann kann ich mich noch so oft verbeugen und die Miene des Lächelns aufsetzen – das wird sich bestenfalls seltsam und fremdartig anfühlen, aber nicht wirklich gut. Alain unterschätzt, dass Gehalt und Körperhaltung *an sich* nie untrennbar aneinander gebunden sind. Ihre unverbrüchliche Verkettung müssen wir uns *angewöhnen*. Wenn das nicht so wäre, dann wäre es ja z.B. gar nicht möglich, einen Gemütszustand nur zu *spielen*.

Die Methode, über die Körperhaltung zum Gehalt zu gelangen, kennt man etwa aus der Meditation. Es ist günstig, Meditations- oder Entspannungs-Übungen immer zur gleichen Zeit in derselben Haltung an derselben Stelle auszuführen. Dadurch wird nämlich im Laufe der Zeit eine Verknüpfung hergestellt, so dass der Fortgeschrittene sich später nur noch an seinen Platz zu begeben braucht, und schon befindet er sich in einem tief konzentrierten Zustand. Diese Methode funktioniert sehr gut, aber eben nicht sofort, sondern erst nach vielen Monaten.

Das gleiche gilt für die Bewältigung einer Angst. Wir können lernen, mit Ängsten umzugehen und sie sogar zu besiegen, aber dazu reicht die richtige Körperhaltung allein genauso wenig aus wie ein vernünftiges Argument. Helfen kann hier nur eine schrittweise geplante und langfristig angelegte Verhaltenstherapie. Emotionen werden direkt nur von Erlebnissen geformt, darum müssen wir eine Reihe wohldosierter Erfahrungen machen, um die gewünschten emotionalen Veränderungen herbeizuführen. Ein solches Trainingsprogramm wird rational, also mit Hilfe des Verstandes entworfen und dann vorsätzlich ausgeführt, aber das Programm auf dem Papier und der Vorsatz alleine bewirken gar nichts. Wir müssen uns die *Erlebnisse* verschaffen, die uns dann im Laufe der Zeit verändern. Die Methode, von der Körperhaltung zum Gehalt zu gelangen, kann selber nur indirekt funktionieren. In dieser Hinsicht ist Alain beinahe naiv und viel zu optimistisch.

Der Glückliche genießt

Auch Alains andere Methode, über die spielerische Hingabe bzw. sportliche Einstellung unverzüglich glücklich zu werden, unterschätzt die komplexen Verhältnisse des Glücklichseins. Gleichzeitig ist der sportliche Ansatz wie gesagt sehr modern. Dosierte und zielgerichtete körperliche Anstrengung hat mittlerweile das Image eines Heilmittels erworben. Bewegung hält nicht nur den Körper gesund und verlängert das Leben, sondern soll auch Depressionen bekämpfen und generell für mehr Lebensqualität sorgen. Aus diesem Grunde verbringen viele Menschen einen Großteil ihrer Freizeit mit Sport – nicht selten ehrgeizig – in der Hoffnung, dadurch glücklich zu werden. Aber obwohl ich selber viel davon halte und seit 30 Jahren regelmäßig Fitnesstraining mache und mich nach wie vor fast täglich darauf freue – übrigens mehr noch als auf einen schönen Spaziergang, aber das Spazierengehen eignet sich als Beispiel besser –, und obwohl ich davon überzeugt bin, dass es ein großer Fehler ist, den Körper und die Bewegung zu vernachlässigen, weiß ich doch, dass dies kein *Rezept fürs Glücklichsein* ist. Denn obwohl sportliche Betätigung für viel Zufriedenheit sorgen kann, ist Zufriedenheit ja noch lange nicht das Gleiche wie echtes Glück. Und davon abgesehen wird noch nicht einmal die Zufriedenheit garantiert eintreten. Wie immer muss auch die Gesamtsituation einigermaßen passen. Wenn ich mit großem Kummer ins Training gehe, dann wird sich daran durch den Sport allein nicht viel ändern.

Und auch dann, wenn wir noch Hingabe und Selbstvergessenheit hinzufügen, werden wir kein Glücksrezept erhalten. Wie wir früher schon gesehen haben, sind das zwar günstige Zutaten, aber leider noch nicht ausreichend dafür, in einen Zustand zu gelangen, in dem *das Herz so leicht dahin getragen wird wie eine Feder.* (Diese schöne Formulierung von Alain zeigt deutlich, dass ihm selber eine anspruchsvolle Vorstellung vom Glücklichsein vorschwebt.) Oft ist es ja einfach so, dass eine selbstvergessene Beschäftigung mich bloß *ablenkt* oder – bei intensiven Anstrengungen – gewissermaßen *betäubt.* Anschließend holen Verdruss und Sorgen mich wieder ein, und sie finden mich *völlig unverändert vor,* d.h. ich bin keinen Schritt weitergekommen. Ein Glückszustand dagegen ändert meine Perspektive und steigert meine Zuversicht nachhaltig; die Probleme werden kleiner und meine Energie größer, zumindest vorübergehend – und dieses Zeitfenster kann ich nutzen.

Ist das vertieft spielende Kind wirklich glücklich? Das ist schwer zu sagen. Aber sicher ist es so, dass dort, wo vertieftes Spielen und hingebungsvoller Sport tatsächlich zum Glück führen, der Zustand der Selbstvergessenheit nur ein *Durchgangsstadium* ist. Er geht über in jenen Zustand der *Durchlässigkeit,* die erst jenes tiefere Verständnis entstehen lässt, welches mich dann zu der Empfindung führt, ein Teil von etwas Wunderbarem zu sein. Selbstvergessen zu agieren ist zwar günstig dafür, führt jedoch nicht automatisch in den Zustand der Durchlässigkeit.

Der wichtige Unterschied zwischen Selbstvergessenheit und Durchlässigkeit besteht ja darin, dass im Zustand der Durchlässigkeit das SELBST wieder anwesend ist. Ich bin hier in einer passiven Weise aktiv – oder in einer aktiven Weise passiv, was das Gleiche ist – aber ICH bin eben aktiv, ich bringe mich bewusst ein in den Fluss des Geschehens. Ich zwinge oder staue oder dränge ihn nicht, aber ich gehöre *selbst bewusst dazu,* ich weiß um das Fließen. Auch wenn ich nicht offensiv agiere, so bin doch nicht bloß Treibgut – denn ich re-agiere im Sinne besonnenen Handelns. Im Unterschied zum selbstvergessenen Handeln jedenfalls nehme ich mich wahr im Zustand der Durchlässigkeit; ich genieße ihn. Dass dies ein vollkommen eingespannter, unter Volldampf stehender Polizeipräsident (so wie Alain ihn beschreibt) von sich sagen kann, darf bezweifelt werden. Ohne dies ist aber echtes Glücklichsein nicht möglich.

Der Glückliche entwickelt ein vertieftes Verständnis der Welt und seiner selbst, er agiert also nicht selbstvergessen oder wie ein Automat. Er ist nicht egozentrisch, geht aber auch nicht über sich hinweg; er *verliert sich nicht,* sondern er *positioniert* sich, denn er begreift sich als aufgehoben in etwas Umfassenderem, als Teil von etwas Wunderbarem, erlöst von der Frage nach dem Sinn. Spiel und Sport, Hingabe und Selbstvergessenheit allein können diese Sichtweise und Empfindung nicht hervorbringen. Sie können im Idealfall zwar dort hin führen, aber in erster Linie gehören sie wohl wieder in den Bereich der günstigen Voraussetzungen. Wir dürfen nicht zuviel von ihnen erwarten, obgleich es ein Fehler wäre, sie zu vernachlässigen.

Insbesondere als *Ausgleich* können Sport und Spiel immens wichtig sein. Im Bereich der geistigen Betätigung sehe ich zwar ein größeres Glückspotential, aber ohne körperlichen und seelischen Ausgleich funktioniert auch das nur selten (wie schon die alten Griechen wussten). Sich um beides zu kümmern ist zweifellos ratsam. Sowohl in körperlicher als auch in geistiger Hinsicht spielt eine gewisse *Beweglichkeit* eine große Rolle, und eine größere Beweglichkeit zieht immer eine größere Leichtigkeit nach sich, und die wiederum verbessert die Chancen auf den Übergang in die Durchlässigkeit. Obwohl körperliche und geistige Beweglichkeit bestimmt nicht ausnahmslos voneinander abhängen, so spricht doch einiges dafür, dass sie einander begünstigen, so wie Erfahrungen ja immer von anderen Erfahrungen beeinflusst sind. Die Feldenkrais-Methode z.B. und viele weitere Verfahren aus der Heilpraktik gehen von dieser Annahme aus und bekommen vielen Menschen offenbar gut. Auch Nietzsche etwa sah hier einen engen Zusammenhang und sagte in seiner unnachahmlichen Art:

„Das Tempo des Stoffwechsels steht in einem genauen Verhältnis zur Beweglichkeit oder Lahmheit der Füße des Geistes; der „Geist" selbst ist ja nur eine Art dieses Stoffwechsels."

Das ist natürlich eine biologistische Sichtweise, der viele Philosophen widersprechen würden. Aber ob nun der Geist den Körper beherrscht oder umgekehrt, die Zusammenhänge scheinen teilweise so eng zu sein, dass man keinen Aspekt unnötig vernachlässigen sollte.

Das Glück von Geist und Gestaltung

Die Philosophen haben seit jeher die Erfahrung gemacht, dass ihnen das meiste Glück, das höchste Glück und das zuverlässigste Glück zuteil wird, wenn sie sich geistigen Aufgaben widmen. Nun könnte man vermuten, dass das deshalb so ist, weil sie ohnehin in dieser Richtung veranlagt sind, und somit wäre ihre persönliche Erfahrung nicht auf alle Menschen übertragbar. Vielleicht steckt aber doch mehr dahinter. Mit geistiger Beschäftigung ist nicht nur das systematische Nachdenken über die großen Fragen der Menschheit gemeint, sondern im weitesten Sinne der Versuch, sich um Einsichten in irgendetwas zu bemühen.

Vor allem die kreativen und kulturellen Fähigkeiten sind dem rationalen Denken hier mindestens ebenbürtig. Es wäre ein Missverständnis, zu glauben, dass es der Zugewinn an Wissen ist, der uns glücklich macht. Es gibt zwar Erkenntnisse, die uns nachhaltig weiterbringen, aber noch wichtiger ist die kontinuierliche Arbeit selber, die interessierte Auseinandersetzung, die von Leidenschaft und Sachlichkeit, von Objektivität und Subjektivität gleichermaßen geprägt ist.

Geistvolle Beschäftigung eignet sich sehr gut dafür, einige der wesentlichen Bedingungen fürs Glücklichseins zu erfüllen. Wenn ich mich mit einem Wissensgebiet befasse oder mich einer kreativen Aufgabe zuwende, dann entwickle ich ein sachliches Interesse, das mich davor schützt, mich zuviel mit mir selber zu beschäftigen. Durch die Fortschritte, die ich dabei mache, empfinde ich eine gewisse Befriedigung, und im Normalfall wird mein Interesse noch gesteigert. Das wiederum hat schnell zur

Folge, dass ich alles um mich herum vergesse und für Sorgen und Kummer kaum noch erreichbar bin. Dadurch bin ich zwar noch nicht wirklich glücklich, weil ja das Gleiten in den Zustand der Durchlässigkeit und daran anschließend das Erfahren elementarer Zusammenhänge noch ausstehen. Aber die Chancen dafür, dass das passieren wird, stehen im Bereich von Geist und Gestaltung ziemlich gut.

Einfacher als einfach

Ludwig Hohl (1904-1980) war ein Schweizer Schriftsteller, der sich rigoros dem Projekt verschrieben hatte, die Zusammenhänge zwischen geistiger Arbeit und Glücklichsein zu erforschen und zu leben. Und er ist sicherlich derjenige Denker, der mich über all die Jahre am stärksten beeinflusst hat. Hohl verwendet zwar nicht den Begriff der Durchlässigkeit, aber er prägt die vielleicht schönsten und treffendsten Sätze im Hinblick auf das, worum es hier geht:

„Wesen des Lebens: das *Passieren* der Dinge durch uns hindurch, oder umgekehrt, von uns durch sie hindurch, was dasselbe ist; jedenfalls geht etwas durch etwas hindurch, und das ist das Gegenteil von Halten, Besitzen (und genau dasselbe wie die Flamme des Heraklit).
Die Schafherde zieht im Herbst durchs Dorf, silbrig, von den Bergen kommend, in die Ebenen gehend. – Dieses Hindurchziehen beseligt mich; das alles *ist so wahr.*"

Das tiefe Glück, von dem Hohl hier ergriffen ist, spielt sich zwar in seinem Inneren ab. Es verdankt sich aber zugleich einem äußeren Geschehen, das er als unsäglich wahr empfindet, weil er ihm nicht in subjektiver Isolation gegenübersteht, sondern objektiv daran teilnimmt. An anderer Stelle heißt es:

„Was ist das Seligste, das der Mensch erleben kann? Das ins Objektive umschlagen, aus dem subjektiven Denken. Ich kann nicht mehr zweifeln, dass dies über alle Maßen ist, das Höchste, das, woraus alles höchste Licht trat, das bisher unter den Menschen aufging, oder besser: *als das* alles höchste Licht aufging, in tausend Formen."

Dieses *objektive Denken* nun, daran lässt Hohl keinen Zweifel, ist die Frucht intensiver und disziplinierter Arbeit. *Arbeit* ist ein Schlüsselbegriff bei Hohl, der sich vor allem gegen das absetzen will, was in der Moderne oft unter Arbeit verstanden wird – nämlich eine relativ uninteressante und unerfreuliche Betätigung, die vor allem Emsigkeit und weniger Nachdenken bzw. wenig Originalität erfordert. Hohls Arbeitsbegriff hingegen zielt auf die Persönlichkeit des Menschen und kann sich deshalb auf Beschäftigungen aller Art erstrecken, solange sie von ihm verlangen, sich *gestaltend* einzubringen. Denn echtes Arbeiten führt bei Hohl immer zu Ergebnissen, die sich nicht vorhersehen, nicht planen, nicht beabsichtigen lassen. Einer von Hohls aufregendsten und sicher zentralen Sätzen lautet:

„Mysterium der Arbeit: Alles das nach und nach zu erreichen, *was gar nicht berechenbar war.*"

Echte Arbeit ist also einerseits etwas sehr Anspruchsvolles, aber andererseits besteht jetzt kein Grund, eingeschüchtert zu sein. Denn anfangen zu arbeiten ist ganz einfach, und alles Weitere ergibt sich früher oder später, wenn man am Ball bleibt:

„Methode: Sich hineinlegen in die Dinge: das Schwimmen sei uns ein Bild davon! Zu handeln ohne Ruck und Stoß. Wütendes Umsichschlagen, besonders am Lande, nützt nichts. Besser ist gleich beginnen, und wenn es auch sachte wäre; das Element trägt, und das ist die Hauptsache."

Man muss einfach anfangen, muss sich behutsam mit dem Medium und den Mitteln vertraut machen, muss sich auf die Arbeit und den Arbeitsprozess konzentrieren und nicht auf sich selbst und seine Pläne. Man sollte vor allem *beobachtend* und mit lockerem Sinn vorgehen, Entscheidungen zunächst nur probeweise treffen und insgesamt die Beweglichkeit und Leichtigkeit der Zurückhaltung üben. Dies ist anfangs die einzig erwähnenswerte Schwierigkeit: sich immer wieder auf die Leichtigkeit zu besinnen. Hilfreich dabei ist die Gewissheit, dass gerade diese Leichtigkeit dem Glück Tür und Tor öffnet.

Das Bild des Schwimmens – und das ist sicher kein Zufall – betont wieder das *Fließende* der richtigen Art zu arbeiten. Wie bei befriedigender körperlicher Betätigung *überlasse* ich mich auch hier den geistigen *Eigenbewegungen*. Ich bin *anwesend,* denn ich *fördere* die geistige Tätigkeit und nehme sehr bewusst wahr, was passiert. Aber ich *forciere* nichts, ich mische mich nicht unnötig ein. Ich will weiterkommen, aber erzwinge dabei keine festgelegte Richtung. Ich versuche, den Dingen gerecht zu werden, mich ihnen wirklich zuzuwenden, sie wirklich zu verstehen, statt ihnen eine Erklärung überzustülpen. Das meint wohl Hohl, wenn er sagt:

„So einfach ist es nicht. Es ist viel einfacher."

Ich mache mir zwar ständig ein Bild von den Dingen und ihren Zusammenhängen, aber in dem Bewusstsein, dass es nicht für ewig sein soll, sondern immer wieder neu entworfen werden muss. *Ich bin zeugend und empfänglich zugleich,* wie es so schön im TAO TE KING heißt. Oder in

meinen Worten gesagt: *Ich lasse das Verstehen entstehen,* wie selbsttätig, lasse ihm Zeit und Raum und seinen eigenen Weg. Es ist dann so, als würde ich meinen Geist bloß *zur Verfügung stellen,* und die *Ergebnisse ergeben sich.*
Genau das meinte sicher auch Wittgenstein, als er sagte:

„Ehrgeiz ist der Tod des Denkens."

(Von dieser Überzeugung ausgehend hat Wittgenstein dann eine völlig neue Methode in die Philosophie eingeführt, die möglichst unvoreingenommen und extrem aufmerksam – gewissermaßen hochgradig unbedacht und bedächtig zugleich – versucht, Erklärungen durch Beschreibungen zu ersetzen. Er will also, soweit ich das sehe, in bester taoistischer Manier die Gedanken am ICH vorbei sich wie von selbst entwickeln lassen.)
Durchlässig sein, Dinge IN MIR DURCH MICH MITEINANDER IN BERÜHRUNG ZU BRINGEN, um das Verstehen ungezwungen entstehen zu lassen – darum geht es bei der richtigen, beglückenden Art geistiger Arbeit. Und die Bahnen, auf denen sich das Denken dabei bewegt, sind zwar nicht völlig willkürlich, aber auch nicht notwendig und nicht zu rechtfertigen. Das Denken folgt den Dingen, aber in einer persönlichen, authentischen Weise. Es muss engagiert und aufrichtig sein, sich aber nicht an fremden Forderungen messen lassen. Und darum kann ich insgesamt auch entspannt bleiben und die Leichtigkeit kultivieren, obwohl das eine anspruchsvolle Art des Arbeitens ist.

Standpunkte wagen

Sicherheitshalber sei noch einmal betont, dass es hier nicht nur um das tiefsinnige Denken im engeren Sinne geht, sondern um geistige Tätigkeit bzw. um Gestaltung ganz allgemein. Durchlässigkeit herzustellen läuft immer auf dasselbe hinaus: Das ICH im Sinne fester Verhaltensmuster bzw. planender Rationalität und starrer Positionen wird *verdünnt*, um in die aufmerksame Beschäftigung mit den Dingen selbst und deren innerer Logik zu strömen. Der Zustand der Selbstvergessenheit ist dafür zunächst günstig, aber er ist nicht unerlässlich und er muss ja auch wieder verlassen werden. Wie schon einige Male betont wurde, darf ich mich nicht endgültig verlieren, sondern muss mich anschließend wieder wahrnehmen, mich *angekommen* und *aufgehoben* fühlen. Denn wann bin ich glücklich bei der geistigen Arbeit? Meiner Erfahrung nach nicht dann, wenn ich völlig vertieft bin, sondern erst dann, wenn ich von dort aus in ein gesteigertes Gegenwarts-Bewusstsein hineintreibe und mich zutiefst *heimisch* fühle in dem, was ich da tue.

Die hellenistischen Skeptiker erkannten ganz richtig, dass großer intellektueller Ehrgeiz das Glück fernhält. Aber sie schossen über das Ziel hinaus, als sie daraus folgerten, dass man deshalb gar keine Urteile mehr fällen sollte. Beim geistigen Arbeiten muss ich mich ständig damit befassen, Einiges auszuwählen und Vieles zu verwerfen. Die Menge der nicht geschriebenen Sätze oder der nicht gemalten Bilder ist unermesslich viel größer als das, was schließlich stehen bleibt. Urteilen heißt im Grunde, sich zu positionieren, und das muss nicht zwangläufig *eifernd* sein. Es kann durchaus entspannt und spielerisch geschehen. Natürlich hält man dabei an irgendwelchen Kriterien fest, aber damit muss nicht der Anspruch verbunden sein, absolut richtig zu liegen. Da ich weiß, dass ich nicht alles weiß, arbeite ich eher in dem Bewusstsein, *Vorschläge* zu entwickeln.

Andere Erfahrungen oder Gesichtspunkte ließen mich vielleicht zu anderen Kriterien greifen, aber irgendwo stehe ich nun einmal immer, so oder so. Urteilen in diesem Sinne ist eine Lebensform wie alle anderen auch, ein Spiel unter

Spielen sozusagen, wenn es durchlässig geschieht. Auswählen, Übergehen, Beurteilen erfordert, Ansichten auszubilden, d.h. es ist *identitätsbildend*. Und obwohl man dabei natürlich schnell zu weit gehen kann, gehört eine Identität eben doch dazu, um durchlässig zu sein oder sich als Teil von etwas Wunderbarem zu empfinden.

Im Idealfall beziehe ich also meine Position wie spielerisch – ernsthaft, aber nicht ernst, aufgeräumt und ambitioniert zugleich –, aber *ich tue es,* ich wage Standpunkte. Ich setze mich ein, indem ich mich der Kritik aussetze. (Mit der ich dann ebenfalls entspannt umgehen kann, wenn ich meine Werke eher wie Vorschläge betrachte.)

Das eigentlich Menschliche

Ein großer Vorteil der geistigen oder gestalterischen Betätigung liegt in der Unabhängigkeit, die sie einem verschafft. Nachdenklich und kreativ kann ich unter nahezu allen Umständen sein, ich brauche dazu kaum Geld, kaum Ausrüstung, wenig Gesellschaft und nur die Menge Zeit, die sich immer findet, wenn uns an etwas soviel liegt, dass wir fast automatisch unser Leben danach einrichten. Natürlich müssen wir dann auf einige Dinge verzichten, aber das müssen wir immer, irgendeine Entscheidung treffen wir so oder so. Ein intellektuell geprägtes Leben verträgt sich jedenfalls bestens mit großer Genügsamkeit, und oft genug hat es auch Genügsamkeit zur Folge. Wer sich in der richtigen Weise mit Philosophie, Kunst oder Kultur befasst, der vermisst vieles einfach nicht mehr. Sein Leben ist ja reich, und er ist auf einem guten Weg zum Glück.

Selbstgenügsamkeit findet sich natürlich nicht nur hier, aber auch davon abgesehen bietet der Bereich von Geist und Gestaltung wie gesagt ein großes Glückspotential. Es ist zwar wiederum keine gute Idee, sich ganz und gar darauf zu beschränken, doch für sich genommen sind die Aussichten in diesem Bereich ziemlich gut. Das liegt daran, dass wir es hier mit dem *eigentlich Menschlichen* zu tun haben. Zwar kennen auch die höher entwickelten Tiere Verhaltensweisen, die man als kulturelle Errungenschaften bezeichnen könnte. Elefanten z.B. geben schwächere Tiere nicht auf, sondern schützen sie; Affen benutzen einfache Werkzeuge, um an Nahrung zu kommen; Raben spannen nicht nur andere Raben, sondern sogar den Straßenverkehr für ihre Zwecke ein; Haustiere wie Hunde und Katzen schließlich erwerben die Fähigkeit, sich einem Menschen gezielt verständlich zu machen. Solche Beispiele gibt es viele. Dennoch sind die Komplexität, die Tiefsinnigkeit und der Reichtum der menschlichen Kultur zweifellos einzigartig.

Und obwohl unsere Kultur keineswegs unsinnig ist, sondern vielfältigste Funktionen im menschlichen Miteinander erfüllt, so ist sie doch rein biologisch betrachtet wunderbar nutzlos. Das starke Bedürfnis des Menschen nach Kultur ist schon lange nicht mehr (über)lebensnotwendig und ist trotzdem eine enorme Kraft geblieben. Der Mensch hat nun einmal im Verlaufe der Evolution unwiderruflich die Fähigkeit des Erklärens einerseits und die Idee des Überwirklichen andererseits erworben – das zeichnet ihn aus und formt sein Leben.

Wenn ich mich also bewusst mit geistiger oder gestalterischer Arbeit befasse, konsumierend oder produzierend, dann bin ich aufgehoben in der Gemeinschaft der Menschen und habe schon teil an diesem vielleicht erstaunlichsten aller Phänomene, dem Phänomen des menschlichen Geistes. Und wenn ich es schaffe, dabei nicht verbissen zu werden, sondern neugierig und entspannt zu bleiben, dann ist es nicht mehr weit bis zu der Empfindung, ein Teil von etwas Wunderbarem zu sein. Das meinte vielleicht auch Wittgenstein, als er sagte:

„Das Licht der Arbeit ist ein schönes Licht, das aber nur dann wirklich schön leuchtet, wenn es von noch einem anderen Licht erleuchtet wird."

Zum Glück ein Gedicht

Als wäre das alles noch nicht genug, bieten die geistigen Beschäftigungen einen weiteren großen Vorteil: sie können das Glücklichsein und seine Vorstufen, die Durchlässigkeit und das Wunderbare, auch dadurch fördern, dass sie es zu ihrem *Thema* machen. Wir können diese Zustände, da sie ja intuitiv entstehen, zwar nie erschöpfend erklären und wohl auch nicht künstlerisch wirklich angemessen erfassen. Wir können aber versuchen, sie mit Hilfe von Worten, Bildern Tönen usw. *entstehen* zu lassen, entweder lebhaft oder wenigstens andeutungsweise. (So wie Romane, Filme usw. Empfindungen manchmal so gut vermitteln, dass man sie geradezu *erlebt*.) Eine gute Beschreibung der Durchlässigkeit z.B. kann natürlich nie das Gleiche sein wie der Zustand der Durchlässigkeit selber, aber sie kann doch eine vergleichbare Atmosphäre erzeugen und dadurch dann Durchlässigkeit auslösen oder zumindest in greifbare Nähe rücken (wenn das Gegenüber dafür empfänglich ist).

Besonders geeignet sind natürlich die so genannten *schönen Künste*, weil das Schöne ja ans Wunderbare grenzt und schöne Sätze über das Glücklichsein deshalb besonders wirkungsvoll sind. Einige herrliche Beispiele wurden bereits angeführt, aber ein Gedicht war noch nicht dabei. Hier ist nun die perfekte Gelegenheit, das nachzuholen, denn an Intensität ist ein Gedicht kaum zu übertreffen:

Nicolas Born:

Es ist Sonntag
die Mädchen kräuseln sich und Wolken
ziehen durch die Wohnungen –
wir sitzen auf hohen Balkonen.
Heute lohnt es sich
nicht einzuschlafen
das Licht geht langsam über in etwas
Bläuliches
das sich still auf die Köpfe legt
hier und da fällt einer
zusehends ab
die anderen nehmen sich
zusammen.
Diese Dunkelheit mitten im Grünen
dieses Tun und Stillsitzen
         dieses alles ist
der Beweis für etwas anderes

Doch auch die weniger poetische, sondern kritisch prüfende gedankliche Beschäftigung mit dem Glücklichsein hat ihre Vorzüge. Selbst da, wo eine Abhandlung keine praktische Anleitung anstrebt, sondern eine bloße Untersuchung durchführt, kann sie immer noch *inspirieren* und indirekt, sozusagen auf Schleichwegen, für das Glücklichsein sensibler machen. Das gilt, glaube ich, vor allem für philosophisches Arbeiten. Ein wichtiges Merkmal der Philosophie ist das Denken in großen, oft ungewöhnlichen Zusammenhängen. Um etwas tiefer zu verstehen, muss man oft versuchen, die Perspektive zu verändern und die Dinge umfassender einzubetten. Und genau diese Verlagerung der Aufmerksamkeit geschieht intuitiv ja auch beim Übergang zum Glücklichsein. Jede Beschäftigung mit Philosophie fördert darum schon grundsätzlich die Bereitschaft, so zu empfinden, ganz unabhängig von den Themen. Aber, das ist wichtig, nur dann, wenn kein egoistischer Ehrgeiz im Spiel ist! Denn dieser Ehrgeiz wird ja verhindern, dass das Denken in großen Zusammenhängen auch den Denker selbst ergreift und ihm ein Gefühl seiner eigenen bescheidenen Rolle vermittelt. Aus diesem Grund, glaube ich, finden sich unter den großen Figuren der Philosophiegeschichte nur so wenige, die als glückliche Menschen bekannt geworden sind. (Ein Umstand, auf den mich schon viele Leute irritiert hingewiesen haben, um es vorsichtig auszudrücken.) Es ist auch aus meiner Sicht völlig in Ordnung, sich Erfolg zu wünschen, aber der Erfolg darf aber nur die *Folge* ernsthafter Arbeit sein und niemals ihr Ziel. Wichtig ist bloß, nicht zu versagen; alles andere muss sich finden. Diesen Unterschied fand ich einmal, leider ohne Quellenangabe, überzeugend formuliert in dem folgenden Merkspruch:

Erfolg ist etwas, das mit den Augen anderer beurteilt wird;
Versagen ist etwas, das man im eigenen Herzen spürt.

Ein Verlierer, so könnte man sagen, ist nur derjenige, der nicht ernsthaft arbeitet oder der sich einreden lässt, er hätte versagt.

Es kann (und muss) nicht nur Große geben

Wenn wir über Geist und Gestaltung, Kunst und Kultur sprechen, dann dürfen wir einen Fehler nicht machen: den Fehler nämlich, bei diesen Dingen immer nur an Spitzenleistungen zu denken. Wie in allen anderen Bereichen gibt es hier Talentierte und weniger Talentierte, herausragende Ergebnisse und bloß durchschnittliche Ergebnisse. Wenn ich ernsthaft versuche, mich malend mit einer Sonnenblume auseinander zu setzen, also mit Hilfe von Farben eine intuitive Erfahrung auszudrücken, dann arbeite ich künstlerisch, auch wenn das Ergebnis weit hinter den Bildern eines van Gogh zurückbleibt. Kunst kommt nicht von Können, wie manche glauben, sondern bezeichnet einfach eine bestimmte Tätigkeit, die man besser oder schlechter ausführen kann.

Grundsätzlich gilt, dass Produzieren besser ist als Konsumieren, und wenn die Resultate noch so bescheiden ausfallen. Wir sollten uns gar nicht so viele Gedanken um die Resultate machen. Ich muss kein Großer sein oder sein wollen, um durch geistige oder gestalterische Arbeit glücklich zu werden. *Ernsthaft* ist eben nicht dasselbe wie *ehrgeizig* oder *erfolgreich* und sollte ja den *Ernst* möglichst vermeiden. Ich sollte mich konzentrieren und mir Mühe geben, aber ansonsten den Dingen ihren Lauf lassen. Herrmann Hesse z.B. war nach eigener Auskunft glücklicher, wenn er malte, als wenn er schrieb, obwohl seine Bücher viel bedeutender sind als seine Bilder. Er genoss es aber, keine Erwartungen erfüllen zu müssen.

In dieser Hinsicht nun war Ludwig Hohl offenbar zu rigoros. Natürlich sollte, wie wir gesehen haben, die Arbeit mit Herausforderungen verbunden sein, damit ich mich konzentrieren muss und mich nicht etwa langweile. Die Herausforderungen müssen aber nicht groß sein und die Ziele nicht anspruchsvoll. Solange es mir zunächst gelingt, in den Zustand der Durchlässigkeit zu gleiten, ist alles in bester Ordnung. Große Herausforderungen und anspruchsvolle Ziele sind da eher nachteilig, weil sie Ehrgeiz und Druck erzeugen. Daran ist Hohl, glaube ich, gescheitert.

Obwohl er intensiv und lange über den Zusammenhang von Geist und Glück nachgedacht und an vielen Stellen wunderbare Sachen dazu gesagt hat, spricht aus seinen Schriften insgesamt doch kein glücklicher Mensch. Er wirkt im Gegenteil oft verbittert und wütend, er poltert und schimpft über all die Menschen, die seiner Meinung nach zu wenig nachdenken und sich nicht darum bemühen, weiter zu kommen und mehr Erkenntnis zu erlangen. Diese Menschen sind geradezu sein Feindbild, Hohl verhöhnt sie als Idioten, Narren, Stümper und nennt sie häufig *Herr und Frau Meyer* oder *die Apotheker*. „Apotheker" deswegen, weil sie immer nach Rezepten verfahren und sich dadurch um die eigene, produktive Arbeit drücken. Diese Art von Faulheit und Stumpfheit ist für ihn das Schlimmste, was es gibt – die eigentliche *Sünde* wider das Leben. Das Leben nämlich, so sagt Hohl, ist *„immer gleich Erhöhung des Lebens, Vermehrung des Lebens. "*

Was die Bequemlichkeit und Denkfaulheit unter den Menschen betrifft, so hat Hohl ja vielleicht nicht ganz unrecht. Wer einmal darauf achtet, gewinnt tatsächlich den Eindruck, dass viele Leute lieber unter ihren Möglichkeiten bleiben und sich manchmal geradezu weigern, ihren Kopf zu gebrauchen. Aber welchen Sinn kann es haben, sich immer wieder so heftig darüber aufzuregen? Und mit welchem Recht eigentlich? Warum darf einer nicht unter seinen Möglichkeiten bleiben, wenn er glaubt, sich dabei besser zu fühlen? Weil er dann den Auftrag des Lebens nicht erfüllt? Welchen Auftrag?

Hohl verfolgt offenbar die Vorstellung, dass es im Leben darum gehen muss, eine außergewöhnliche Leistung anzustreben; und zwar in geistiger Hinsicht, weil der Mensch sich durch seine geistigen Fähigkeiten auszeichnet. Dann habe das Leben Wert, und dann sei der Mensch glücklich. Meint Hohl. Er verachtet beispielsweise auch Menschen, die Zeit und Überlegung dafür aufwenden, ihre Wohnung zu verändern oder zu verschönern. Er sagt dazu:

„Es ist mit der Lebensführung wie mit der Handschrift: Die Nullheiten machen viele Schnörkel."

Hohl meint, dass das äußere Leben so gleichförmig wie möglich sein sollte, damit man daran keine Gedanken verschwenden muss. *Hier* schätzt er Monotonie: die alltäglichen Verrichtungen möglichst unkompliziert halten, damit sie eine Lebensbasis bilden, die keine schöpferischen Kräfte verbraucht und dadurch die eigentliche Leistung begünstigt. Wie rigoros er nur auf die Ergebnisse fixiert ist, wird besonders deutlich in der folgenden Passage:

„Ich meine, ich habe auf keiner Hochgebirgsbesteigung einen einzigen Schritt getan mit Freude. Das sei uns ein Bild des Ganzen.
Froheit, Freudigkeit konnte mich aber wohl erfüllen, wenn ich an das Gesamte, d.i. Ziel und Sinn der Besteigung, die Unternehmung der Besteigung, die Besteigung dachte. Die einzelnen Schritte sind ganz einfach sauer. Und ebenso erinnere ich mich nicht, dass etwa je beim Schreiben das mich Hinsetzen (mich *wieder* Hinsetzen!), das Ergreifen des Stiftes, kurz das Einzelne, nicht sauer gewesen wäre."

Was Hohl bei seinem Ärger über seine Mitmenschen offenbar aus den Augen verloren hat, ist die Erfahrung, dass es sich beim Glücklichsein oft eher umgekehrt verhält: hier ist oft der Weg das Ziel, hier bereitet das Gestalten an sich Freude, ganz unabhängig davon, ob etwas Erwähnenswertes dabei herauskommt oder nicht. Und solch beglückendes Gestalten gibt es nicht nur bei tiefgeistigen Vorhaben, sondern auch beim Einrichten einer Wohnung und sogar bei den ewig wiederkehrenden, monotonen Verrichtungen des Alltags. Diese können sehr viel mehr sein als die bloß zweckdienliche, eigentlich lästige Basis für das eigentliche Leben.
Etwas tausendmal zu tun, wird, wenn man es aufmerksam macht, nicht nur ein deutliches Bewusstsein der eigenen, eingefahrenen Handlungsmuster erzeugen, sondern zugleich diese Muster dadurch lockern. Und das resultiert

fast unweigerlich darin, von ihnen abzuweichen und Variationen zu probieren – also kreativ zu werden. Denn nichts anderes ist ja Kreativität: sich von vorgegebenen Mustern lösen können. Kreatives Tun ist also praktisch immer möglich, im Kleinen wie im Großen, im Belanglosen wie im Bedeutenden, und sie ist auf jedem Niveau ein guter Weg in Richtung Glücklichsein. Die Vorstellung, dass dafür eine extreme Leistung nötig ist, halte ich für eine fixe Idee, die durch nichts gerechtfertigt ist.

Auf Spitzenergebnisse aus zu sein verhindert aber nicht nur oft die Freude am Gestalten, es ist außerdem ungerecht, sie zu fordern. Denn es ist einfach nicht jedem gegeben, jeden Tag daran zu arbeiten, die eigenen Leistungsgrenzen hinaus zu schieben. Die damit verbundene – nicht zuletzt nervliche – Anspannung zu verkraften, das schaffen naturgemäß nur einige Wenige, die die entsprechende Belastbarkeit dafür mitbringen. Ein Minimum an Herausforderung und Einsatz, wie gesagt, muss sein, aber davon abgesehen gibt es jede Menge Spielraum, den jeder nach seinem Dafürhalten und seinen Möglichkeiten nutzen darf und sollte. Das eigene Glück hängt zu einem guten Teil davon ab, dass ich mich in eben dem Maße anstrenge, das keine Verbissenheit aufkommen lässt und das der Leichtigkeit günstig ist.

Das hat Hohl vielleicht zu wenig beachtet. Er hat immer versucht, nach extremen Regeln zu leben und zu arbeiten, alles dem Schreiben unterzuordnen und dabei den strengsten Maßstäben gerecht zu werden. Er hat auch großartige Schriften hinterlassen – aber wenn sein Ziel ein wunderbares, beseligtes Leben war, dann hat er es wohl nicht erreicht. Seine wütenden Attacken gegen die Ungeistigkeit seiner Mitwelt lassen jedenfalls jeden Humor vermissen, und das ist ja ein starker Hinweis auf eine traurige Verfassung. Ein glücklicher Mensch neigt eher dazu, sich über die Menschen zu amüsieren, wenn sie mit wichtiger Miene dummes Zeug reden, in lächerlicher Weise Eindruck schinden wollen oder sich gerade dann in Schwierigkeiten bringen, wenn sie aus lauter Bequemlichkeit besonders schlau sein wollen. Natürlich muss Hohl daneben auch zutiefst glückliche Stunden gekannt haben. Anders wären seine hellsichtigen, ergreifenden Beobachtungen zum Glücklichsein und seine große Sehnsucht danach gar nicht zu erklären. Aber wahrscheinlich waren diese Stunden nicht die Regel und seine Grundstimmung eher düster. Er hat ja versucht, so viele Stunden wie möglich zu arbeiten, und sich dabei offensichtlich viel geärgert.

Das geistige und gestalterische Arbeiten zum Mittelpunkt seines Lebens zu machen, um dadurch glücklich zu werden, ist an sich, glaube ich, keine schlechte Idee. Es dürfte aber nur wenige Menschen geben, die ausschließlich damit auskommen. Meistens brauchen wir auch einen Ausgleich, häufig sogar eine gewisse Vielfalt im Leben. Wie wir schon gesehen haben, begünstigen alle positiven Erfahrungen einander – je mehr wir davon also in den verschiedensten Bereichen machen, desto besser. Hohl war auch diesbezüglich zu rigoros. Er hielt zwar viel davon, sich körperlich fit zu halten, hat das aber nicht als eigenwertigen Bereich betrachtet. Alles außer dem Schreiben diente bloß dem Schreiben. Das mag vielleicht dem Werk günstig sein, aber glücklich macht es eher nicht.

Teil III

Wir nehmen schwer, was leicht zu nehmen über unsere Kräfte geht.

(Hans A. Moser)

WIE DAS GLÜCKLICHSEIN GEDEIHT

Übung macht den Meister

Im ersten Teil dieses Leitfadens habe ich eingehend über den Zustand des Glücklichseins, seine Entstehung und seine Merkmale gesprochen. Der zweite Teil hat dann zur Vertiefung und weiterer Verdeutlichung einige lehrreiche Theorien und Missverständnisse beleuchtet. Nun ist die Zeit gekommen, aus alldem eine praktische Anleitung zu gewinnen - soweit unser Gegenstand das zulässt. Denn, um es nochmals zu betonen, die Frage nach einem einfachen, unfehlbar wirksamen Glücks-Rezept ist eine schlecht gestellte Frage. Was genau geschieht eigentlich in dem Moment, wo ich über die Durchlässigkeit hinaus dazu übergehe, mich als Teil von etwas Wunderbarem zu empfinden? Und was genau kann ich deshalb tun, um den Zustand des Glücklichseins nach Belieben herbei zu führen? – das alles wüssten wir gerne, aber diese Dinge lassen sich ja begrifflich nicht einfangen. Die entscheidenden Schritte tun wir *intuitiv*, sie lassen sich nicht erschöpfend erklären. Ein weiterer wichtiger Satz von Ludwig Hohl lautet:

„Kunst wird ebenso wenig erarbeitet wie das Kind oder wie das Leben. Aber ebenso sehr, wie die Dispositionen erarbeitet werden, in denen das Kind, oder das Leben, gedeihen, werden die Dispositionen erarbeitet für die Kunst."

Und dasselbe gilt ebenso sehr für das Glücklichsein. Jeder kann selber sehr viel dafür tun, aber niemand kann es erzwingen. Ganz im Gegenteil besteht das Geheimnis ja gerade darin, Zwang und Nachdruck zu vermeiden. Eine allgemeingültige, detaillierte Anleitung für den Weg zum Glück zu fordern, hieße rationalistisch und damit gewaltsam vorzugehen. Niemand kommt deshalb daran vorbei, erst einmal eigene Erfahrungen zu machen und aus seinen Erfahrungen zu lernen. Dann sind die Aussichten auf ein glückliches Leben aber auch ziemlich gut.

So läuft das eben bei den nicht-rationalen Intelligenzen. Denken wir wieder an das Beispiel der Babies (sprechen lernen, laufen lernen) und daran, wie auch Erwachsene Fähigkeiten erwerben wie Musikinstrumente beherrschen, einen Rückwärtssalto machen oder mit den Ohren wackeln. Oder nehmen wir wieder die Fälle aus der Verhaltenstherapie, wo wir an unseren emotionalen Reaktionen arbeiten – das alles erfordert Üben, Üben, Üben. Und Üben heißt hier nicht zuletzt *Lockerlassen*, damit nicht mehr der rationale Verstand die Kontrolle über das Ganze ausübt, sondern zugunsten der intuitiven Fähigkeiten zurücktritt. Etwas rational zu verstehen und zu beherrschen, das gelingt nur in einigen wenigen Teilbereichen des gesamten Lebens wie Mathematik, Technik, Naturwissenschaft und Ähnlichem. Und selbst dort passieren die genialen Einfälle *über Nacht*, also intuitiv. Diese überragende Rolle der Intuitionen wird in einer rationalistisch geprägten Welt nur allzu leicht vergessen.

Wie man das Glücklichsein übt

Auch das Glücklichsein kann oder muss man also wie alle intuitiven Fertigkeiten beharrlich üben. Obwohl man nicht Schritt für Schritt automatisch zum Glücklichsein gelangen kann, lassen sich doch zumindest die *Stationen* auf diesem Weg übersichtlich darstellen. Diese Stationen kann man recht gezielt und zunehmend erfolgreich ansteuern, wenn man sich dabei aufmerksam verhält. Worauf genau man dabei achten sollte, dafür sollten ja all die Erörterungen der ersten beiden Teile sensibilisieren. Die folgende Anleitung ist eine praktische Zusammenfassung und darum kurz gehalten:

(1)

Ein guter Anfang ist gemacht, wenn ich nicht viel über mich selbst nachdenke, sondern mich hauptsächlich mit etwas Anderem befasse. Ich sollte also keine Nabelschau betreiben, nicht mit dem „Schicksal" hadern und nicht dauernd an Dinge denken, die ich gerne hätte, aber nicht habe. Natürlich muss man manchmal auch ein bisschen auf sich selbst aufpassen und hin und wieder seine Interessen *wahren*, sich also in diesem Sinne mit seiner persönlichen Situation beschäftigen. Aber erstens ist auch dabei eine sachliche Haltung empfehlenswert, und zweitens sollte das die Ausnahme sein. Wo einer meint, ständig Ansprüche einklagen zu müssen, dort ist die Grenze zur Egozentrik deutlich überschritten.

Ein nicht-egozentrischer Mensch geht keineswegs wie eine unpersönliche Maschine durchs Leben, falls dieser Eindruck jetzt entstanden sein sollte. Er ist in wichtiger Hinsicht sogar beseelter als der Egozentriker. Eine Seele haben heißt ja, sich zu seiner Umwelt in Beziehung zu setzen, also bewusst auf seine Umwelt zu *reagieren*. Für den Egozentriker ist die Umwelt nur Mittel oder Hindernis, während der nicht-egozentrische Mensch sie in ihrer Eigenständigkeit wahrnimmt und in diesem Sinne erst eine echte Beziehung aufbaut. Anders als der Egozentriker sieht er sich nicht als *Gegenüber* seiner Umwelt, sondern als *Teil* der Umwelt.

Außerdem macht er nicht jenen Fehler, zu dem der Egozentriker neigt, nämlich seine Gefühlswelt gewissermaßen zu verdoppeln. Wenn ein egozentrischer

Mensch traurig ist, dann ist er nicht nur traurig, er tut sich dabei auch noch selber leid. Er hat nicht nur Empfindungen, sondern reagiert auch noch empfindlich auf seine Empfindungen. Der bevorzugte Gegenstand seines Seelenlebens sind seine eigenen seelischen Zustände, weil er eben im Grunde immer um sich selbst kreist. So gesehen ist er gefühlvoller als ein nicht-egozentrischer Mensch, aber das ist nicht positiv gemeint und dem Glücklichsein nicht förderlich. Auf dem Weg zum Glück darf ich nicht um mich selbst kreisen, sondern sollte in die Welt sehen und schauen, was sie an interessanten und schönen Dingen zu bieten hat. Aber es muss mich wirklich *interessieren* – nicht nur locken oder verführen. Ich sollte mich stark angezogen fühlen, *einfach so*.

(2)
Finde ich irgendeine Sache bzw. Beschäftigung besonders ansprechend, d.h. fühle ich mich bei irgendetwas besonders wohl ohne einen besonderen Grund – also ohne dass es mir erkennbar nützt, oder nur meiner Eitelkeit dient, oder ähnliches – dann sollte ich mich eingehender damit befassen, und zwar sachlich, sachte und konzentriert. Das ist zunächst praktisch alles – vorausgesetzt, die Sache ist wirklich dazu geeignet, mich eine Zeitlang sachlich, sachte und interessiert in Beschlag zu nehmen. Allzu banale Beschäftigungen werden vermutlich dann doch recht bald ausscheiden.

Schon dieser Schritt ist übrigens aufschlussreich. Wie machen wir das eigentlich, uns *konzentrieren*? Lässt sich das erschöpfend *erklären*? Sicher nicht. Wir lernen und beherrschen es intuitiv, unsere Aufmerksamkeit zu steuern und zu bündeln. Die Konzentrationsfähigkeit geht genau wie der Spracherwerb der Entwicklung des rationalen Denkens *voraus*, und das kann auch gar nicht anders sein. Um rationale Intelligenz entwickeln zu können, muss ich ja zuerst mich konzentrieren und eine Sprache lernen können. Das kann ich also nur mit Hilfe intuitiver Intelligenz tun, und die lässt sich eben nicht erschöpfend erklären.

(3)
Die Konzentration kann dermaßen vertieft werden, dass ich schließlich *selbstvergessen* beschäftigt bin. Selbstvergessenheit ist auf dem Weg zum Glück zwar nicht unbedingt erforderlich, aber doch nützlich. Die wichtige Phase der *Durchlässigkeit* wird durch Selbstvergessenheit begünstigt. Es besteht aber auch die Gefahr, dass mein ICH dann gar nicht wieder auftaucht, dass ich also selbstvergessen *bleibe* und mich verliere. Für die Empfindung, glücklich zu sein, muss ich mir meiner Existenz aber wieder bewusst werden.

Aus diesem Grunde sollte ich von vornherein versuchen, alles so *spielerisch* wie möglich anzugehen, also die beinahe lässige Haltung der Leichtigkeit und Beweglichkeit kultivieren. Ich sollte ambitioniert, aber locker und wie absichtslos handeln. Keine Furcht vor dem Misslingen sollte mich verkrampfen lassen. Ohne verbissenen Ehrgeiz, übermäßigen Eifer und hochfliegende Ziele stehen die Chancen gut, dass sich dann jener Zustand einstellt, in dem ich mein Handeln gewissermaßen geschehen lasse – also wieder anwesend und durchlässig bin. Damit das aber immer wieder und immer zuverlässiger geschieht, ist es wichtig, die Anforderungen weder zu hoch noch zu niedrig zu halten – damit ich nicht in Routine verfallen kann. Wenn ich mich in irgendetwas verbessere, dann muss ich fortan den Schwierigkeitsgrad erhöhen, damit weiterhin eine tiefe Konzentration erforderlich ist.

Wenn ich mir nach einer Phase der selbstvergessenen Beschäftigung meiner selbst wieder bewusst werde, dann ist meine Wahrnehmung zumindest für kurze Zeit verändert. Jeder dürfte das schon einmal erlebt haben: alles wirkt leicht fremd und aus diesem Grunde ungewöhnlich präsent. Diese Wahrnehmung gilt es zu erhalten, um in den Zustand einer *gesteigerten Gegenwart* zu gelangen, in dem ich ein intensives Bewusstsein meiner Umgebung und meiner selbst darin habe. Diese Form der Erfahrung kennen wir auch aus Situationen, in denen wir uns großen Schwierigkeiten oder gar einer Bedrohung gegenüber sehen. Nur empfinden wir uns in solchen Fällen sehr stark als *Einzelwesen,* als isolierte Individuen, die sich *behaupten* wollen. Das behindert natürlich die Entwicklung der Durchlässigkeit, während das Wieder-Auftauchen aus der Selbstvergessenheit sie auf dem Wege der gesteigerten Gegenwart fördert.

(4)
Befinde ich mich im Zustand der Durchlässigkeit, dann sollte ich ihn aufmerksam genießen. Ich handle jetzt ernsthaft, aber nicht ernst – also gegebenenfalls mit Humor –, ich bin engagiert, aber unbeschwert, bin gespannt, aber gelassen, nachgiebig, aber beharrlich, ich bin auf passive Weise aktiv oder auf aktive Weise passiv – diese Unterscheidungen fallen hier in sich zusammen. Umschreibungen für den Zustand der Durchlässigkeit stehen viele auf den vorangegangenen Seiten, hier noch ein treffender Vergleich aus der Gedankenwelt des ZEN, wo es sinngemäß heißt:

Wir sollten handeln, so wie wir hören, nicht so, wie wir sehen.

Das Sehen hat etwas betont *Aktives*, Zugreifendes, oft sogar Zudringliches. Das Hören ist demgegenüber weniger aktiv, es lässt herankommen und nimmt auf. Es ist deshalb aber nicht völlig passiv, sondern *teilnehmend,* und kommt daher der hier gemeinten Durchlässigkeit nahe. Deutlich wird dies z.B. dann, wenn wir Musik, die wir mögen, laut hören: sie scheint uns gleichzeitig zu umhüllen und durch uns hindurch zu ziehen, fast wie etwas Materielles; während wir selbst uns gleichzeitig weniger kompakt und fest fühlen als gewöhnlich. Das Erlebnis ist beinahe magisch und vielen Menschen ein großer Genuss. (Das Bedürfnis, Lieblingslieder laut zu hören, ist meinen Beobachtungen nach sehr verbreitet.)

Wie mache ich das nun, den Zustand der Durchlässigkeit herbei zu führen? Was genau muss ich tun? Die Antwort lautet wieder: genau erklären lässt sich das nicht, weil wir das letztlich intuitiv machen. Man kann es üben und darin besser werden, aber man kann es nicht verständlich erklären. Eine vollständige Anleitung zur Durchlässigkeit kann es nicht geben. Was ich trotzdem gezielt tun kann, ist dies (es wurde im Grunde schon genannt):

ERSTENS MICH DARUM BEMÜHEN, DIE DINGE SPIELERISCH, BEWEGLICH UND MIT LEICHTIGKEIT ANZUGEHEN; UND ZWEITENS JEDEN ZUSTAND DER DURCHLÄSSIGKEIT AUFMERKSAM GENIEßEN, UM INTUITIV SEINE ENTSTEHUNG ZU BEGREIFEN UND ZU BEHERRSCHEN.

(Die Durchlässigkeit kann wie gesagt auch überraschend unter ungünstigen Bedingungen auftreten, also wenn es mir nicht gut geht und ich *deshalb* loslasse und wie absichtslos agiere. Aber diesen Weg systematisch einzuschlagen - über das Unglück zum Glück gelangen zu wollen - finde ich wenig verlockend. Doch gibt es sicher Menschen, die mindestens unbewusst so verfahren. Und es liegt zumindest ein großer Trost in der Vorstellung, dass Probleme, wenn sie dann auftauchen, immerhin dazu dienen können, die Durchlässigkeit zu üben.)

(5)

Im Zustand der Durchlässigkeit kann sich schließlich die Empfindung entwickeln, dass ich ein Teil von etwas Wunderbarem bin. Dann bin ich glücklich. Ich fühle mich aufgehoben in einem großen Ganzen, heimisch auch im Unvertrauten, das Leben erscheint schön und nicht sinnlos. Es handelt sich hierbei, ich wiederhole, um eine *Empfindung*. Das heißt erstens: ich bin mir meines Zustandes bewusst, aber ich muss nichts Vernünftiges darüber sagen können. Ich muss nicht mein Glück kommentieren oder gar es definieren können, um glücklich zu sein. Rationales Verstehen und romantisches Verstehen schließen sich nicht aus, sie können sich einander sogar zuwenden. Aber das ist nicht die Regel, und grundsätzlich sind sie nicht aufeinander angewiesen. Und zweitens heißt es: etwas Wunderbares zu empfinden bedeutet nicht *zu behaupten,* dass das Wunderbare in irgendeiner von uns unabhängigen, objektiven Weise existiert. Ich kann diese Empfindung kultivieren, ohne davon überzeugt zu sein, dass ihr „da draußen" etwas entspricht. Es gibt keinen zwingenden Grund, von Empfindungen zu Theorien überzugehen. Das alles hier hat nichts damit zu tun, dem Ideal eines *Wissenden* oder *Eingeweihten* zu frönen.

Da die Entwicklung des Glücklichseins wie die der Durchlässigkeit *intuitiv* vollzogen wird, lässt sie sich ebenfalls nicht rational erklären und in Form einer Anleitung erfassen. Aber wie geht das dann, diese Zustände zu kultivieren, sie einzuüben und sich darin zu verbessern? Wie erarbeite ich die Disposition, in der das Glück gedeiht? Im Grunde ist die Antwort ganz einfach: *indem ich Erfahrungen sammle und daraus lerne.* Aber das Lernen geschieht hier auch intuitiv, Rezepte sind nie möglich, und das macht die Angelegenheit anspruchsvoll. Trotzdem kann ich aber auch hier wieder geplant und gezielt dies tun:

Sehr aufmerksam registrieren, wann es mir gelingt, von einer durchlässigen Verfassung aus in den Zustand des Glücklichseins zu gleiten, um intuitiv die Zusammenhänge zu begreifen.

Das passiert ja keineswegs immer, aber hin und wieder passiert es eben, das ist so gut wie unvermeidlich. Es ist ein Teil unserer Natur, wir sind so gebaut. Unsere Psyche ist von jener Komplexität, welche die Empfindung des Schönen und Wunderbaren mit sich bringt, und manchmal fügen ihre Zustände sich dann so ineinander, dass wir wahrhaft glücklich sind. Diese Momente sollten wir möglichst bewusst wahrnehmen, während wir sie intensiv durchleben. Wir sollten auf alles, was vorgeht, acht geben, auf die Details der Umstände, auf unsere Reaktionen in jeder Hinsicht. Nur dürfen wir das nicht mit Kalkül tun, das bringt nicht nur nichts, es schmälert zudem den Genuss. *Achtgeben* heißt hier einfach *Aufnehmen*, mit allen Sinnen und ohne begrifflichen Kommentar, ohne Berechnung und ohne Ehrgeiz. Vielleicht sind die Kinder aus diesem Grunde tatsächlich oft glücklicher als die Erwachsenen. Sie versuchen nicht ständig, alles für sich selbst in Worte fassen zu wollen, und gucken auch nicht immer danach, welchen Vorteil sie woraus schlagen können. Diese intuitive Form des Sich-selbst-Beobachtens ist deshalb auch kein Um-sich-selbst-Kreisen, welches das echte Glück ja eher verhindert. Wer so vorgeht, achtsam und offen, der versteht – *oder etwas in ihm versteht* – intuitiv wichtige Zusammenhänge, und dadurch kann er auch für die Zukunft besser darin werden, das Erleben glücklicher Momente zu befördern. Es lässt sich, es sei noch mal betont, nicht angemessen beschreiben, wie man sich das genau vorzustellen hat, also wie das geht, *aktiv* daran mitzuwirken, dass Glückszustände sich einstellen. Dass es sich um ein intuitives Vorgehen handelt, hat aber nichts Geheimnisvolles oder gar Mystisches an sich. Es ist einfach nur der begrifflichen Vermittlung nicht zugänglich. Es ist nicht geheimnisvoller als die Fähigkeit, laufen zu lernen oder sich konzentrieren zu lernen, es ist nur komplexer. Und prinzipiell sind wir bestens für diese Art des Lernens ausgestattet, denn wir werden ja als intuitive Wesen geboren.

(6)

Da unser Gehirn bzw. Nervensystem von Natur aus flexibel ist, lässt es sich ein Leben lang beeinflussen und „umbauen". Jede Glückserfahrung stellt ein intensives Erlebnis dar, das seine Spuren hinterlässt und die Empfänglichkeit für weitere Glückserlebnisse steigert. Auf die Dauer ist es also möglich, den Glückszustand als den Normalzustand zu etablieren. Das halte ich auch für die beste Vorkehrung gegen mögliches Unglück: nicht sich zu wappnen durch *cool* sein, also nicht sich unempfindlich zu machen, sondern sich für das Glück empfindlicher zu machen und dadurch den Anforderungen des Lebens zuversichtlich und gelassen zu begegnen.

Die Mischung macht's

Für die zunehmende Geschicklichkeit, das Glücklichsein gedeihen zu lassen, ist es günstig, sein Glück nicht nur in einem Bereich zu suchen, also nur in Sport und Bewegung oder nur in Kunst und Kultur oder nur in der Philosophie oder nur in der Natur oder nur in einem Hobby oder nur geselligen Runden. Jeder Bereich bietet seine Möglichkeiten, das Glücklichsein zu üben und intuitiv besser zu verstehen, und jeder Fortschritt in einem Bereich begünstigt Fortschritte in den anderen Bereichen und damit immer weitere Fortschritte. Im Idealfall breitet sich das Glücklichsein im Leben aus wie ein Feuer, das immer größere Bereiche erfasst und durch die zunehmende Hitze schließlich sogar Dinge in Brand setzt, denen eine kleine Flamme gar nichts hätte anhaben können. Obwohl grundsätzlich fast alle Beschäftigungen dafür geeignet sein können, sollten gerade diejenigen einen festen Platz im Leben haben, die ohnehin unsere Intuition ansprechen und erfordern. Die entspannte, interessierte und einfühlsame Gemeinschaft mit Menschen, der aufmerksame Umgang mit Tieren, die sensible Beschäftigung mit Kunst, das Körpergefühl im Sport, die feine Koordination bei Geschicklichkeitsspielen, und ähnliches mehr – alles das erfordert und trainiert beinahe automatisch eine der intuitiven Intelligenzen und wird dadurch die intuitiven Fähigkeiten insgesamt verbessern. Auch wenn ich dadurch nicht per se glücklich werde, so steigen die Chancen doch beachtlich.

Auch die vermeintlich langweiligen, eintönigen Verrichtungen haben hier ihren Wert. Monotone oder ritualisierte, immer wieder und wieder erforderliche Verrichtungen wie Aufräumen und Ordnung halten, Lebewesen versorgen, Routinen durchlaufen – kurz der „Alltagskram" in allen Formen kann gerade wegen der ewigen Wiederholungen das *locker sein und bleiben* generell trainieren. Im Zen-Buddhismus wird z.B. ganz bewusst viel Zeit auf solche Dinge verwandt; ständig wird der Hof gefegt, viel öfter als nötig, und aus allem wird eine Zeremonie gemacht.

Das Optimum dürfte fast immer eine vielfältige Mixtur aus Tätigkeiten und Lebensbereichen sein, die alle mit der gebotenen Aufmerksamkeit gestaltet und ausgeübt werden. (Dadurch besteht dann auch keine Gefahr, sich zu „verzetteln" und zu viele Dinge zu oberflächlich zu machen.) Nur wer schon die Kunst beherrscht, glücklich zu sein, kann genauso gut ein sehr gleichförmiges Leben führen und trotzdem durch und durch glücklich werden. Darauf muss es aber keineswegs hinauslaufen, das ist keineswegs so etwas wie ein Ideal, dem man sich annähern sollte. Wer das mag oder so veranlagt ist, kann genauso gut ein Leben lang durch Vielfalt und Abwechslung glücklich werden.

SCHLUSSBETRACHTUNG

Wären alle Menschen glücklich oder zumindest glücklicher, dann würden sie zweifellos freundlicher, toleranter und rücksichtsvoller miteinander umgehen. Und sie würden sich dabei sogar besser fühlen. Sie hätten nicht das Gefühl, etwas abzutreten oder aufzugeben, sondern im Gegenteil das Gefühl, an Lebensqualität und Freude zu gewinnen. Das allgemeine Glücklichsein wäre eine perfekte Grundlage für eine moralische Gesellschaft, die alle wirklich wichtigen Probleme lösen könnte. (Alain z.B. spricht deshalb auch von der *Pflicht zum Glück.*) Das Christentum etwa ist in meinen Augen davon geleitet, genau dieses Ziel über das Gebot der Liebe zu allen Menschen zu erreichen. Aber die Liebe ist ja leider ein zweischneidiges Phänomen in dieser Hinsicht, wie wir gesehen haben. Sie kann eigentlich nur funktionieren, wenn die Menschen ohnehin glücklich sind, und darum geht es auch im Christentum dann doch wieder nicht ohne Vorschriften.

Der Zusammenhang zwischen glücklich sein und rücksichtsvoll sein könnte auch erklären, warum die Menschen überhaupt damit angefangen haben, moralische Regeln für den Umgang miteinander aufzustellen. Denn wenn es nur darum ginge, ein Gemeinwesen so zu organisieren, dass es gut funktioniert, dann bräuchten wir nichts weiter als die strikte Strafgesetzgebung, die wir ja ohnehin haben. Wozu also außerdem Moral? Nun, die Antwort könnte sein, dass ein Gemeinwesen im Idealfall nicht nur funktionieren sollte, sondern auch so lebenswert wie möglich sein sollte. In einer bloß strafrechtlich geregelten Gesellschaft funktionieren die Menschen aus Gehorsam – sie haben Angst vor Freiheitsentzug oder Geldbußen. Sie sind im Grunde so egoistisch wie möglich und halten sich nur zurück, weil sie die Konsequenzen vermeiden wollen, die ein ungezügelter Egoismus mit sich brächte. Diese Einstellung macht einsam, misstrauisch, zynisch und unglücklich. Eine solche Gesellschaft funktioniert also um einen hohen Preis an Lebensqualität.

Eine Gesellschaft, die außer strikten Strafgesetzen auch noch moralische Vorschriften aufstellt, wird in einem viel stärkeren Maße dafür sorgen, dass ihre Mitglieder sich rücksichtsvoll verhalten. Denn diese sind ja nicht nur negativ motiviert – also durch den drohenden Verlust von Freiheit oder Geld –, sondern auch positiv: man fühlt sich gut, wenn man sich deshalb rücksichtsvoll verhält, weil man glaubt, dass das etwas Gutes ist. Und diese positive Verstärkung nicht-egoistischer Einstellungen erzeugt auf die Dauer die Empfindung, ein Teil eines größeren Ganzen zu sein. Und damit ist dann eine günstige Ausgangslage für das Entstehen von Glückserlebnissen geschaffen. Und ein glücklicher Mensch verhält sich ja automatisch moralisch, und ist fröhlich dabei.

Eine Gesellschaft mit einer intakten Moral funktioniert also nicht nur gut, sondern ist auch im höchsten Maße lebenswert. Vielleicht also ist die moralische Dimension des Menschenlebens – bewusst oder unbewusst – ursprünglich entstanden, um auf eine raffinierte Weise auf eine glückliche Gesellschaft hinzuarbeiten, die dann *von sich aus* moralisch und glücklich zugleich ist. Aber ganz gleich, ob diese Erklärung nun stimmt oder nicht – es dürfte kaum etwas Erstrebenswerteres geben, als zu versuchen, glücklich zu leben.

Nachwort zur Durchlässigkeit der Dinge

Es ist vielleicht für den einen oder anderen Leser nicht uninteressant, zu erfahren, dass diese Gedanken zum Glücklichsein in weit umfassendere Überlegungen eingepasst sind. Sehr knapp skizziert geht es um folgendes: Bei philosophischen Untersuchungen kann es nicht schaden, sich hin und wieder Gedanken darüber zu machen, was Philosophieren eigentlich heißt und wie die Philosophie begann. Nun, sie begann damit, dass die Menschen vor etwa 2600 Jahren anfingen, sich über das wahre *Wesen* der Dinge zu wundern und ihm nachzuforschen. Ihnen war aufgefallen, dass der Anschein oft trügt und dass das wahre Sein der Dinge in der Regel verborgen ist.

Diese frühen Untersuchungen gingen natürlich von den damals etablierten Konzepten aus, und sie führten schnell zu schweren begrifflichen Konflikten und immer verwirrenderen Rätseln. Und sie dauern bis heute an, die Rätsel, die begrifflichen Schwierigkeiten und die Untersuchungen. Und das gilt nicht nur für die Philosophie. Die Physiker, die Biologen und alle anderen suchen die Wahrheit ebenfalls noch immer.

Ein viel versprechender Lösungsansatz nun scheint in der Annahme zu liegen, dass es an und für sich keine Dinge mit einer unveränderlichen Identität gibt, sondern dass Identität im Grunde immer nur *verliehen* wird. Einen bestimmten Gegenstand oder eine bestimmte Situation zu beschreiben heißt dann letztlich einfach, eine *bestimmte Beschreibung* abzuliefern. Die Welt wird dabei auf eine bestimmte Art und Weise sortiert, aber sie könnte auch anders sortiert werden. Die *Festigkeit* von Dingen z.B. ist bloß eine Vorstellung, die einer möglichen, aber nicht notwendigen

Sichtweise angehört. Das sieht man auch schon daran, dass sie ja immer nur *relativ* ist.

Daraus folgt, dass man die Dinge genauso gut als grundsätzlich mehr oder weniger *durchlässig* betrachten dürfte, also nicht die Festigkeit, sondern die Durchlässigkeit zur Ausgangsgröße machen könnte. Dieser Wechsel in der Perspektive ermöglicht nicht nur Antworten auf einige alte philosophische Probleme, wie meine weiter führenden Überlegungen vermuten lassen. Zu meiner Freude fand ich nachträglich in der „GEO 2/06" auch einen kurzen Beitrag, demzufolge Experimente mit tiefgekühltem Helium4 offenbar nur einen Schluss zulassen: dass nämlich unter bestimmten Bedingungen Festkörper von Festkörpern durchdrungen werden!

Die Idee der Durchlässigkeit scheint also in vielerlei Hinsicht von großer Bedeutung zu sein, und das korrespondiert natürlich wunderbar mit der maßgeblichen Rolle, die sie in meinen Gedanken über das Wesen und den Weg zum Glücklichsein spielt. Und es kommt noch etwas hinzu: auch die Sprache scheint ein intuitives Wissen um diese Zusammenhänge widerzuspiegeln. Wenn ich durch etwas hindurchgehe, einen Raum beispielsweise, dann *passiere* ich ihn. Gleichzeitig ist *Passieren* die Bezeichnung für jedwedes Geschehen schlechthin. Alles, was sich ereignet, passiert. Demnach hat alles, was geschieht, mit Durchlassen bzw. Durchdringen zu tun. Gleichzeitig meint Durchdringen aber auch soviel wie *sättigen* oder *erfüllen*. Wenn ich von etwas durchdrungen bin, dann bin ich von ihm erfüllt. Erfüllt sein aber heißt *beseelt* sein in einem positiven Sinne, und das erfüllte Leben ist ein hohes Ziel und praktisch gleichbedeutend mit einem glücklichen Leben.

Ich will hier nicht zuviel behaupten, aber all diese Verknüpfungen sind doch ziemlich auffällig.

Quellenangaben:

Alain: Die Pflicht, glücklich zu sein; Bibliothek Suhrkamp 470

Born, N.: (Es ist Sonntag); in: Der Neue Conrady – Das große
Deutsche Gedichtbuch, Artemis& Winkler 2000

Csikszentmihalyi, M.: Flow – Das Geheimnis des Glücks;
Klett-Cotta 1996

Epikur: Lehrbriefe; in: Geschichte der Philosophie, Bd. 1
Reclams Universal-Bibliothek Nr. 9911

Freud, S.: Glück; in: Zum Glück – Wege und Umwege,
Reclams Universal-Bibliothek 40019

Hofmannsthal, H.v.: Der Brief des Lord Chandos; Reclam 2000

Hohl, L.: Die Notizen – oder Von der unvoreiligen Versöhnung;
Suhrkamp Verlag 1986
Nuancen und Details; Bibliothek Suhrkamp 438

Kant, I.: Werke in 12 Bänden;
suhrkamp taschenbuch wissenschaft 190

Lec, J.: Sämtliche Unfrisierte Gedanken; Sanssouci Verlag 1999

Laotse: Tao Te King; O.W.Barth Verlag 1986

Moser, H.A.: in: Deutsche Aphorismen, Manesse Verlag 1992

Nietzsche, F.W.: Werke in 4 Bänden;
Caesar Verlag Salzburg 1983

Nooteboom, C.: Der Ritter ist gestorben; Suhrkamp Verlag 1996

Rousseau, J.-J.: Träumereien eines einsamen Spaziergängers; in:
Zum Glück – Wege und Umwege (a.a.o)

Russell, B.: Eroberung des Glücks – Neue Wege zu einer
besseren Lebensgestaltung; Suhrkamp Verlag 1977

Wittgenstein, L.: Werke in 8 Bänden;
suhrkamp taschenbuch wissenschaft 508

Detailliertes Inhaltsverzeichnis:

Teil II

Teil III